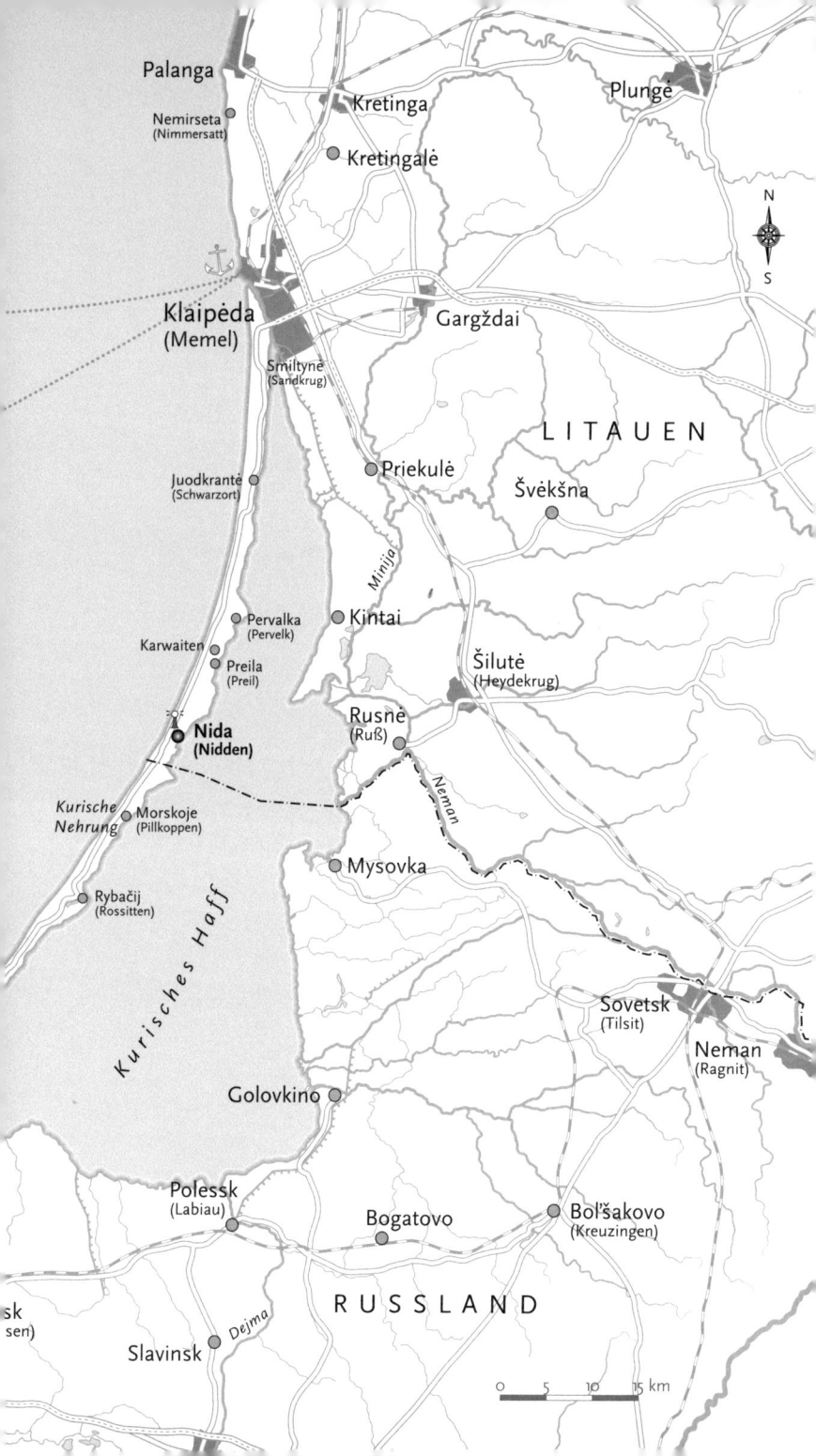

Frido Mann

Mein Nidden

Auf der Kurischen Nehrung

mare

Die Deutsche Nationalbibliothek verzeichnet diese Publikation
in der Deutschen Nationalbibliografie;
detaillierte bibliografische Daten sind im Internet
unter http://dnb.ddb.de abrufbar.

4. Auflage 2018
© 2012 by mareverlag, Hamburg

Karten Peter Palm, Berlin
Typografie Farnschläder & Mahlstedt, Hamburg
Schrift Aldus LT Std.
Druck und Bindung CPI books GmbH, Germany
ISBN 978-3-86648-148-0

www.mare.de

Eine Spur von Märchenhaftigkeit und Unwirklichkeit
liegt über diesem wenigen Land zwischen den Wellen,
etwas Archaisches, Paradiesisch-Ursprüngliches.
Ein Land wie von Urbeginn, aus jener Ewigkeit, da Gott
das Wasser an besondere Orte sammelte, dass man das
Trockene sehe. Ungeheure Himmel spannen sich über
den einzigartigen Küstenstreifen und überziehen ihn
mit dem Spiel eines wunderbaren Lichts, des langen
Lichts des Nordens. Eine Dreieinigkeit von Wasser,
Wind und Sand beherrscht die Gegend und macht ihre
verletzliche Schönheit aus.

Thomas Sprecher
Aus »*Alles ist weglos*«. *Thomas Mann in Nidden*

Einstimmung:
Musik im »Tal der Stille«

26. Juli 1998. Unter langsam ziehenden Wolken, zwischen Bäumen und stacheligem Gras auf dem Sandboden begebe ich mich zur großen abendlichen Abschlussveranstaltung des zweiten, zehntägigen Thomas-Mann-Musikfestivals. Das Konzert findet im Freien statt, am Fuß der 60 Meter hohen Parnidder Düne, ganz am Ende des Fischerdorfs Nidden (Nida) im litauischen Teil der Kurischen Nehrung. Von der Aussichtsplattform an der Spitze der Düne erstreckt sich das grandiose Panorama über das mächtigste Wanderdünenfeld Europas, das sogenannte Tal der Stille (oder Tal des Schweigens), hinweg meilenweit über Sand, Küstenwald, Ostsee und Haff. Das Licht der Abenddämmerung wirkt purpurn-grau und lässt die Konturen der dicht bewachsenen und mit einer steilen Holztreppe versehenen Düne zunehmend verschwimmen. Scharen von Menschen strömen lautlos über die Sandpfade auf den Veranstaltungsort zu, was der abendlichen Stille etwas Feierliches gibt.

Bald erreiche ich den großen, offenen Platz. Ich fröstele; für diese Jahreszeit ist es selbst für litauische Verhältnisse sehr kalt. Am Ende des Platzes steht ein vorn geöffnetes, weißes Stoffzelt mit einer Bühne darin. Auf der Bühne sehe ich Stühle mit Notenpulten, dazu eine Schlagzeugbatterie und ein Cembalo. Vor dem Zelt sind Holzbänke aufgereiht, auf denen bereits viele in Pullover und Jacken gehüllte Besucher sitzen.

Auf dem Programm steht die Aufführung von Haydns Oratorium *Die Schöpfung* mit einem Kammerorchester und einem Chor aus Kaunas, dessen Dirigent und drei hochrangigen litauischen Solisten.

Jetzt am Abend regt sich hier kaum ein Lüftchen. Nachdem die Tontechniker ein letztes Mal die Verstärkeranlage und die Mikrofone auf der Bühne überprüft haben, stellt sich der Chor an der Rückwand des Zeltes auf, unter einem großen Transparent mit der Aufschrift *Tomo Mano festivalis*. Davor nehmen die Orchestermusiker ihre Plätze ein. Bald wird es still, das Publikum blickt konzentriert nach vorn. Dann betreten der Dirigent und die drei Solisten über ein paar Treppenstufen die hell erleuchtete Bühne. Der Dirigent stellt sich, die Solisten zu beiden Seiten, vor das Orchester und hebt den Taktstock. Nun erklingt das mächtige Eingangs-Unisono der *Vorstellung des Chaos* vor dem ersten Schöpfungstag. Aus dem Schalltrichter des Zeltes bahnt sich eine wie endlos vorwärtsdrängende und dissonanzenreiche Chromatik ihren Weg ins Freie. Es kommt mir vor, als passe die scheinbare Ziellosigkeit mit der zunehmenden Dämmerung immer besser zu der Endlosigkeit des Himmels über uns und zu der weiten und verwunschen wirkenden Landschaft des schmalen, zwischen zwei Gewässern eingekeilten Sandstreifens der Kurischen Nehrung.

Nach der Dramatik des *Chaos* beruhigt sich alles wieder. Als der Chor nach der Ablösung der Mächte der Finsternis die Entstehung einer neuen Welt besingt, finde ich langsam aus meinem Schwebezustand wieder zurück auf etwas festeren Boden. Am Ende der spannungsgeladenen, nur neun Takte umfassenden *Entstehung des Lichts* mit ihrer dichten und intensiven Steigerung vom Pianissimo bis zum strahlenden Choral im Fortissimo blicke ich unwillkürlich zum Himmel hoch. Dort blinken jetzt wie bestellt die ersten Sterne auf. Die am Ende des ersten Teils zurückgekehrte Ruhe in mir bestärkt mich in meiner Zuversicht, auf diesem malerischen, fragilen Flecken Land mein inneres Gleichgewicht wiederzugewinnen.

Im zweiten Teil des Werks folgen die drastischen und humorvollen Schilderungen der Erschaffung der Tierwelt zu Wasser und zu Lande und zuletzt die des Menschen am siebten Tag. Bei dem martialischen Dankeschor mit der großen Doppelfuge *Vollendet ist das große Werk* gleitet mein Blick wieder nach oben zum Himmel. Dort prangen jetzt dicht an dicht Tausende von hell funkelnden Sternen, zum Greifen nahe, so wie ich sie schon bei meinem ersten Besuch hier vor einem Jahr auf meinem Nachtgang im »Tal der Stille« hinter der Dünenspitze gesehen habe und wie sie mir bisher sonst allenfalls aus Südeuropa, Afrika oder Brasilien bekannt waren. Dieser wunderschöne geöffnete, nicht mehr abgründig gähnende, sondern bergende Himmel über der Nehrung erscheint mir jetzt wie ein riesiges Buch, welches mir die göttliche Schöpfung mindestens genauso gewaltig offenbart wie die dem freien Himmel entgegenklingende kunstvolle Vertonung des biblischen Schöpfungsberichts und einiger Psalmen durch den Musikgiganten Haydn.

Der zuletzt folgende und ausschließlich im Paradies spielende dritte Teil des Werks ohne Essverbot, Erkenntnisbaum, Schlange, Sünde, Gottesurteil und Vertreibung fällt für mich gegenüber den ersten beiden Teilen deutlich ab. Die hier ausnahmslos von ewiger Harmonie und von Wundern und Heil kündenden Weisen Adams und Evas in deren Glücksparadies passen nur bedingt zum hiesigen Landstrich. Sie lassen mich nicht vergessen, von welch dramatischen Wirren der Geschichte dieser Flecken Erde, zuletzt im wechselvollen 20. Jahrhundert, immer wieder heimgesucht wurde und dass sich seit der Entstehung dieses verspielt und frohsinnig von der Schöpfung erzählenden Musikwerks im vernunft- und aufklärungsbetonten 18. Jahrhundert die Zeiten überhaupt radikal geändert haben. Dies schmälert jedoch keineswegs die hervorragende Idee, als Höhepunkt und Abschluss eines großen Musikfestivals gerade dieses Werk, dazu mit exzellenter Besetzung, unter freiem Abend- und Nachthimmel aufzuführen.

Der mediterrane nordöstlichste Zipfel Ostpreußens

Die Kurische Nehrung ist so merkwürdig, dass man sie
eigentlich ebensogut als Spanien oder Italien gesehen
haben muss, wenn einem nicht ein wunderbares Bild
in der Seele fehlen soll. Ein schmaler Strich toten Sandes,
an dem das Meer unaufhörlich an einer Seite anwütet,
und den an der anderen eine ruhige große Wasserfläche,
das Haff, bespült.

Wilhelm von Humboldt, 1809

Ein bisschen sitzt mir der Schreck noch in den Gliedern. Nur
ungern bin ich in Hamburg-Fuhlsbüttel über die aus dem
Flugzeugbauch ausgelassene kurze Treppe in das Hinterteil der
winzigen sowjetischen Yakovlev YAK 40 der Air Lithuania ge-
krochen und habe mich dann gebückt durch die enge Kabine
zu meinem Sitz begeben. Gleich nach dem Abheben hatte die
Maschine Schwierigkeiten, die richtige Flughöhe zu erreichen,
mit stotterndem Motor sackte sie wiederholt ab. Mein Sitz-
nachbar und ich blickten uns beklommen an, bis die endgültige Flughöhe erreicht war und wir in ausreichender Sicher-
heit über den Wolken flogen. Nach einer Stunde Flugzeit unter
dem immer mehr aufklarenden Himmel über der Ostsee und
einigen dänischen Inseln bereitet der Pilot jetzt langsam seinen Anflug auf den litauischen Flughafen Palanga vor.

Die mit etwa 30 Sitzen ausgestattete Maschine ist nur halb
besetzt. Ein kleiner Teil sind deutsche Touristen. Ansonsten

sind es vermutlich Litauer, darunter auffallend viele junge, ziemlich grell geschminkte Mädchen mit ausdruckslosem Gesicht, die aussehen wie eine Gruppe heimkehrender Models. Eben hat die Stewardess damit begonnen, die abgegessenen Tabletts und die leeren Flaschen mit österreichischem Exportbier von den wackligen, bei jeder Bewegung des Vordermannes fast umkippenden Klapptischchen abzuräumen. Mit wachsender Ungeduld blicke ich zu einer der vorderen Flugzeugtüren, deren russische Aufschrift *Vychod* (»Ausgang«) mit einem leuchtend roten *Exit* überklebt ist.

Es ist Sommer 1997. Ich bin neugierig auf meinen ersten Besuch in Litauen und insbesondere auf der Kurischen Nehrung und in Nidden, mit dem dort vor einem Jahr eingeweihten Thomas-Mann-Kulturzentrum im ehemaligen Sommerhaus meiner Familie. Ursprünglich hatte man mich zum ersten zehntägigen Thomas-Mann-Musikfestival eingeladen, dessen Beginn für den 16. Juli, den Geburtstag des Hauses, festgesetzt war. Da ich jedoch wegen anderweitiger Verpflichtungen daran nicht teilnehmen konnte, habe ich einen Vortrag für eine vierzehn Tage vor dem Festival in Nidden tagende Seminargruppe zugesagt. Die Gruppe ist gerade in diesen Tagen vom Gerhart-Hauptmann-Haus auf Hiddensee in Nidden angereist, um dort ihr Symposium über Gerhart Hauptmann und Thomas Mann fortzusetzen. Da ich gerade dabei bin, für den kommenden Herbst im brasilianischen Paraty, dem Geburtsort von Heinrich und Thomas Manns Mutter Julia da Silva-Bruhns-Mann, ein Kulturfestival mitzuorganisieren, habe ich angeboten, in Nidden über »Die Manns – eine Familie zwischen den Kulturen« zu sprechen.

Jetzt erscheint verschwommen der erste Landstreifen Litauens am Horizont. Unsere Maschine fliegt inzwischen wieder so tief, dass sich aus der Meeresoberfläche langsam das Wellenrelief herausschält und auch die Küste erste Konturen erhält. Die nur durch die Hafenstadt Klaipėda unterbrochene Dünenkette entlang der ganzen litauischen Bernsteinküste sieht im Sonnenlicht aus wie ein goldenes, mit dem Blau des Wassers um die Wette glänzendes Sensenblatt. Bald werden auch dunkle Wälder und dazwischengesprenkelte Häuschen sichtbar. Und schon setzen wir, als einziges Flugzeug weit und breit, zur Landung auf dem zwischen Wald und Wiesen eingebetteten und nur aus einer Baracke bestehenden Flughafen des Seebades Palanga nahe der lettischen Grenze an.

Nach der Gepäckausgabe und der Zollabfertigung nimmt mich die neue wissenschaftliche Mitarbeiterin des Thomas-Mann-Kulturzentrums, Ruth Kibelka, in Empfang. Nach den nur 13 Grad Celsius in Hamburg herrschen hier, völlig überraschend, Temperaturen von über 30 Grad. Wir fahren mit dem Auto die schnurgerade Straße Richtung Klaipėda entlang, vorbei am kleinen Ort Nemirseta, dem früheren Nimmersatt, das bis zum Ende des Ersten Weltkriegs der Grenzort gewesen ist zwischen Litauen und dem nördlich des Memelflusses gelegenen und sich als Landesteil Ostpreußens in die Kurische Nehrung hinein erstreckenden Memelgebiet.

Bald erreichen wir das westlitauische Wirtschaftszentrum Klaipėda, das frühere Memel, mit seinen heute rund 200 000 Einwohnern. Auf der Durchfahrtsstraße zum Fährhafen reihen sich vor allem in der Vorstadt endlos lange, wenig attraktive Neubaublocks und Plattenbausiedlungen, dann viele alte Gebäude aus roten Ziegelsteinen aneinander. Wir setzen an der Stelle, an der sich das Festland und die Kurische Nehrung fast berühren, mit der schweren Roll-on-roll-off-Autofähre an das andere Ufer über.

Dort tut sich mir eine neue Welt auf. Ich begreife jetzt, was

es ursprünglich mit dem Namen Memel auf sich hat: Auf Ku-
risch-Lettisch lautet er *memelis,* was auf Deutsch »stiller«,
»langsamer« oder »schweigender« bedeutet. Für mich ist es der
Inbegriff einer friedlichen, reinen und idyllischen Natur mit
dichten, kraftvoll grünen, teilweise windverkrümmten Kie-
fern- und Birkenwäldern auf Sandboden, die zwischendurch
reichlich Ausblicke auf das Kurische Haff bieten. Etwas später öffnet sich auf der gegenüberliegenden Seite in Waldlich-
tungen andeutungsweise das Panorama einer gewellten, weiten Dünenlandschaft. Dahinter ist die Ostsee zu sehen, deren
Größe und derzeit bewegter Wellengang mir sehr viel gewaltiger erscheinen als auf deutschem oder dänischem Gebiet, wo
sie vergleichsweise tümpelhaft anmutet.

Ein Geruch aus Kiefernharz, Sand und Meersalz begleitet
mich während der knapp einstündigen Fahrt auf der fast leeren Straße südwärts Richtung Nidden. Die an ihrer breitesten
Stelle 3,8 Kilometer, an ihrer schmalsten nur 380 Meter breite
Nehrung ist immerhin 98 Kilometer lang. Kurz nach dem Ein-
tritt in den Nationalpark durch eine Schranke müssen wir an-
halten, weil dort eine ganze Wildschweinfamilie gemächlich
die Straße überquert. Von den berühmten Elchen, welche die
vielen Erinnerungen meiner Familie schmücken, existieren
hier nur noch wenige, und man bekommt sie praktisch nicht
mehr zu sehen.

Bald erreichen wir den ersten Ort, Juodkrantė, das frühere
Schwarzort. Es ist ein beschaulicher Flecken aus restaurierten,
puppenstubenartigen Fischerhäusern mit Giebelverzierung,
Bernsteinhöfen und Touristenläden. Dazwischen hebt sich, als
abgrundtief hässliches sozialistisches Relikt, der Betonbun-
ker des örtlichen Kulturzentrums heraus. Vor der begrünten
und gegenwärtig kaum bevölkerten Promenade am Kai auf der
Haffseite dümpeln einige Fischerboote.

Nach einer weiteren Fahrt durch besonders dichtes Waldgebiet biegen wir, kurz vor dem Schlagbaum vor der russischen
Grenze, nach links Richtung Haff ab und steuern auf Nidden
zu. Ich werde gleich in mein auf der Anhöhe über dem Ort und
mitten im Wald gelegenes Hotel *Auksines Kopos* (»Goldene
Düne«) gebracht. Es stammt ebenfalls aus der sowjetischen
Zeit: ein sich über mehrere Seitenflügel erstreckender, grauer
und schlecht verputzter Steinkasten mit schürzenähnlichen,
dünnen Vorhängen vor den Fenstern und violettbraun angestrichenen Balkonen. Die geräumige Empfangshalle ist innen
großzügig mit hellem Holz verkleidet. In diesem Hotel ist auch
die Seminargruppe aus Deutschland untergebracht, mit der
zusammen ich gleich zu Abend essen und dann morgen früh
durch den Wald zum Thomas-Mann-Haus aufbrechen werde.

Am nächsten Morgen schüttet es wie aus Eimern, und es hat
sich deutlich abgekühlt. Ich habe mich bereits mit einigen Mitgliedern der Seminargruppe zusammengetan. Es sind insgesamt an die 25 literarisch interessierte Angehörige verschie-
denster Berufe vor allem aus den nördlichen alten wie neuen
deutschen Bundesländern. Während des eher kargen Früh-
stücks bekennt mir eine Teilnehmerin aus Lübeck etwas wehmütig, dass der typische Geruch der unterschiedlichen Quark-,
Molke- und Käseangebote am Frühstücksbuffet sie an die nos-
talgischen Erzählungen ihrer aus dem Memelland stammen-
den Mutter erinnere.

Nach dem Frühstück machen wir uns auf zum Thomas-
Mann-Haus. Bald bewegt sich eine Karawane schwarzer Regen-
schirme auf weichen Sand- und Moospfaden durch den durch-
nässten Wald, dessen leuchtendes Sattgrün bei schlechter Witterung besonders zur Geltung kommt. Die für diese nördlichen
Breiten ungewöhnliche Farbkraft im überhellen Licht lässt die

hiesigen Kiefern ein bisschen wie Pinien erscheinen. Auf den sanften Anstieg einen Dünenhügel hinauf folgt ein ziemlich steiler Abstieg zum Haff, an welchem entlang uns ein asphaltierter Weg zwischen Kaimauer und Häusern zu unserem Ziel bringt. Wir passieren eine kunterbunte Mischung aus Baustilen, die viel über die verwirrende jüngste Geschichte des Landes aussagen. Alte Niddener Fischerhäuser in den typischen Farben Kastanienbraun und Eisenrot, mit kobaltblauen oder titanweißen Fensterrahmen und nach alter heidnischer Anschauung das Böse bannenden Tierköpfen an den Dachgiebeln. Davor bunte, etwas verwilderte Blumengärten. Dazwischen sind brutal Betonklötze aus der Sowjetzeit gehauen. Wie ein versöhnlicher Lichtblick erscheinen vereinzelte Versuche modernster Architektur vermutlich aus den allerletzten Jahren.

Bald nachdem wir den inzwischen recht verfallen aussehenden ehemaligen Gasthof Blode passiert haben, der 1929 bei der Entscheidung Thomas Manns für den hiesigen Hausbau eine wichtige Rolle gespielt hat, erreichen wir eine steile Holztreppe mit einem verwitterten, holzgeschnitzten Wegweiser »Thomas Mann Gedenkstätte und Museum«. Am Fuß der Treppe verkauft eine alte Frau ausgelegten Schmuck aus Bernstein, dem »baltischen Gold« aus 50 Millionen Jahre altem, versteinertem Baumharz, von der Ostseebrandung hier massenweise angeschwemmt und kunstvoll verarbeitet. Während des Aufstiegs zum Haus, zwischen hochgeschossenen, nach Osten hin windschiefen, sich auch in sandiger Erde haltenden Kiefern, wird mir erklärt, dass in den frühen Dreißigerjahren, als meine Familie das Haus während der Sommermonate bewohnte, hier weder Bäume noch ein Treppenaufgang gewesen seien, sondern nur ein dicht mit Büschen bewachsener Dünenabhang. Den einzigen Zugang habe es von der Straße auf der gegenüberliegenden Seite gegeben.

»Und, wie ist es für Sie, hier zu Hause?«, fragt mich einer aus der Gruppe, als wir oben angelangt sind und ich zum ersten Mal den schmucken kleinen, mit einem neuen Reetdach bedeckten Holzbau mit blauen Fensterrahmen vor mir sehe. »Es ist nicht mein Zuhause«, antworte ich etwas irritiert. »Es war das meiner Familie, zehn Jahre bevor ich geboren wurde.« Ich gestehe mir selbst ein, dass ich hier deutlich weniger Emotionen in mir aufkommen fühle als vor rund drei Jahren, als ich zum ersten Mal vor der imposanten Fazenda, dem Elternhaus meiner Urgroßmutter Julia da Silva-Bruhns-Mann, in Paraty an der Küste im Nordosten Brasiliens stand.

Das ändert sich auch nicht, als ich hineingeführt werde und mir von der neuen Zentrums- und Museumsdirektorin Vitalija Jonušiene, die ich bereits gestern im Hotel kennengelernt habe, das Innere des Hauses zeigen lasse: die vielen kleinen Zimmer neben dem engen Flur im Erd- und im Obergeschoss. Unten gleich beim Eingang das ehemalige Schlafzimmer meiner Großmutter Katia und das meines damals etwa zwölfjährigen Vaters Michael und dessen um ein Jahr älterer Schwester Elisabeth – das kleinere heute ein Kassen- und Souvenirverkaufsraum und das größere daneben ein Museum mit vergilbten Dokumenten und Fotos hinter Vitrinen. Vorne zur Terrasse hin liegen das frühere Wohn- und Esszimmer mit Kamin und Durchreiche zur kleinen Küche und, durch eine Schiebetür getrennt, die mit einer Glastür abschließbare Veranda – heute beide als Veranstaltungsräume genutzt. Oben dient das ehemalige Schlafzimmer Thomas Manns zusammen mit einem früheren Gästezimmer als Sekretariat des im Haus neu eingerichteten Kulturzentrums. Thomas Manns einstiges Arbeitszimmer danebem bietet den schönsten Blick auf das Haff.

Am zweiten Weihnachtstag 1993 erwarten meine Frau und ich Dr. Alfredas Tytmonas bei uns in Göttingen. Dr. Tytmonas war bis zur internationalen Anerkennung Litauens als neue, unabhängige Republik 1991 Dozent für Geschichte an der Universität Klaipėda. Danach wurde er als Kurator der von der Universität verwalteten Sommerbibliothek und des Privatmuseums im Thomas-Mann-Haus in Nidden eingesetzt. Meine Verbindung mit ihm ist über unseren Sohn Stefan zustande gekommen, der 1992 als Erster der Familie nach dem Krieg auf abenteuerlichem Wege die Kurische Nehrung und dort das Thomas-Mann-Haus aufsuchte. Sehr bald nach Stefans dortigem Aufenthalt bekam ich von Dr. Tytmonas einen seitenlangen handschriftlichen Brief, in dem er begeistert von Stefans Besuch und von seiner Tätigkeit als Kurator im Thomas-Mann-Haus berichtete, aber auch über die bittere Armut in seinem Land und über seine schwere und mit häufigen Krankenhausaufenthalten verbundene Herzerkrankung klagte. Aus meiner Antwort auf den Brief entwickelte sich eine regelmäßige Korrespondenz. Zuletzt erfuhr ich von ihm, dass er kurz vor dieser Weihnacht im Buddenbrookhaus in Lübeck wissenschaftlichen Recherchen nachzugehen plane. Daraufhin luden wir ihn vor seiner Rückreise nach Litauen kurzfristig nach Göttingen ein.

Am Mittag kommt er bei uns an, ein untersetzter, korpulenter Mann mit stark gerötetem Gesicht. Als Gepäck schleppt er mehrere volle Plastiktüten mit sich, die er gleich in unserem Gästezimmer ablegt. Danach setzen wir uns ins Wohnzimmer zum Tee mit Weihnachtsstollen. Unser Gast wirkt aufgeräumt und pfiffig, zugleich jedoch unterschwellig angespannt und zerfahren. In seinem Blick liegt etwas angestrengt Gehetztes und Gequältes. Er berichtet von seinem Besuch in Lübeck und dann ausführlich von der Situation auf der Kurischen Nehrung, dem großen politischen Umbruch nach dem Ende der beengenden Sowjet-Ära und von seiner Berufung zum Kurator der all die Jahrzehnte zuvor in Ehren gehaltenen, aber ärmlich gebliebenen Thomas-Mann-Gedenkstätte. Dabei weist er immer wieder auf das knappe Budget für die Unterhaltung und die dringend notwendige Restaurierung des Hauses hin und darauf, wie gern er und andere litauische Mitstreiter dort ein Kulturzentrum einrichten würden. Tytmonas will natürlich auch wissen, ob ich in den Fußstapfen meines Sohnes einmal Litauen und das Haus besuchen möchte. Ich erkläre ihm, dass ich in nur zwei Monaten zum ersten Mal auf den Spuren von Thomas Manns brasilianischer Mutter Julia da Silva-Bruhns-Mann in die Gegenrichtung nach Brasilien reisen werde und daher meinen Besuch in Litauen etwas aufschieben muss.

Wir essen dann noch gemeinsam zu Abend. Am nächsten Vormittag verlässt uns der Kurator mit der Bahn in Richtung Hamburg, von wo aus sein Flug zurück nach Litauen geht. Mein Briefwechsel mit ihm wird langsam immer seltener, bis er ganz versiegt. Als ich gut drei Jahre nach unserem Treffen in Göttingen von der Neugründung des Kulturzentrums mit neuen Mitarbeitern erfahre und dorthin eingeladen werde, fällt der Name Tytmonas nicht mehr. Auch in Nidden selbst wird nicht über ihn gesprochen. Erst als ich während meines zweiten Besuchs im darauffolgenden Winter vorsichtig nach ihm frage, erklärt man mir, die neuartige Struktur des Kulturzentrums habe einen grundlegenden personellen Wechsel verlangt.

Wegen des starken Regens findet der erste Tag des Niddener Seminars über Gerhart Hauptmann und Thomas Mann im unteren ehemaligen Esszimmer und auf der angrenzenden Veranda statt. Das Esszimmer ist eng bestuhlt für die Hörer des ersten Vortrags. Auf der Veranda hinter der geöffneten Schiebetür ist, wegen des dort stehenden Konzertflügels für Musikveranstaltungen im Haus, gerade noch für den Vortragenden Platz. Wir pferchen uns mit unseren nassen Mänteln und Schirmen auf den bereitstehenden Stühlen zusammen. Es ist sehr feucht im Raum, die Fenster sind beschlagen. Der erste Referent ist der in Ostberlin lebende litauische Journalist Leonas Stepanauskas. Dieser nimmt in seinem Vortrag vor allem Bezug auf sein im vergangenen Jahr erschienenes Buch *Tomas Manas ir Nida* (»Thomas Mann und Nidden«). Er erzählt uns von seiner Entdeckung des vom Krieg arg beschädigten Hauses als Student Mitte der Fünfzigerjahre, als er inkognito vom Festland in einem der Boote mitfuhr, mit denen litauische Schüler den im militärischen Sperrgebiet der Nehrung stationierten sowjetischen Offizieren Lebensmittel und Schnaps bringen mussten, und wie er das Haus heimlich fotografiert habe, bis ihn ein Offizier erwischte und seine Kamera konfiszierte. Daraufhin habe er den Offizier darüber aufgeklärt, dass dies das Haus Thomas Manns sei, und nur dadurch sei dieses, wie er sagt, vor dem Abriss bewahrt worden. Dann erfahren wir noch etwas über seine Mitwirkung an der sukzessiven Restaurierung des Hauses in den Sechzigerjahren nach der erneuten Öffnung der Nehrung für die Zivilbevölkerung. Schließlich spielt uns Stepanauskas eine Tonbandaufnahme von meiner Großmutter Katia aus den Siebzigerjahren in Kilchberg vor, wo er sie, so sagt er, wiederholt besucht habe und wo sie für ihn ihre Erinnerungen an Nidden auf Tonband sprach. Für mich ist es etwas seltsam, gerade hier zum ersten Mal nach ihrem Tod vor bald zwanzig Jahren die Stimme meiner eigenen Großmutter zu hören.

Als wir nach dem Ende des Vortrags in die Pause gehen, hellt es sich draußen auf. Bald kommt die Sonne zwischen den Wolken hervor, die rasch wegziehen und einem strahlend blauen

Himmel Platz machen. Ich trete hinaus auf die Terrasse und genieße den wieder voll zurückgekehrten Glanz des in der Sonne schimmernden Haffs und des Himmels, der in der Regennässe farbig glänzenden Bäume, Wiesen und Blumen. Ich male mir aus, wie meine Familie sich vor knapp siebzig Jahren auf dieser Terrasse an demselben Panorama rund ums Haff erfreut hat, das sie »Italienblick« nannte und das damals noch frei war von den verstellenden hohen Kiefern am Dünenhang; wie sie bei demselben klaren Sommerwetter am Horizont die Zäsur der Memelmündung aufspürten. Ich versuche mir dabei nicht nur die Bäume wegzudenken, sondern mir, anstatt der heute über das Haff schippernden blechgrauen Motorboote der Fischer, die damals noch altertümlich charaktervollen Kuren- und Keitelkähne vorzustellen, mit ihren rechteckigen Sprietsegeln, den als Familienwappen dienenden holzgeschnitzten Kurenwimpeln und den Seitenschwertern. Wie mir erzählt wurde, rückten diese immer am Nachmittag flottillenartig aus, um morgens mit ihrem reichen Fang an Hechten und Zandern zurückzukehren. Bis zum letzten Krieg schmückten sie hundertfach das Haff, wurden dann aber von den Russen versenkt, um eine Flucht mit den schweren Holzbooten über Wasser zu verhindern.

Nach der Pause ziehe ich mich zurück und beschließe, das wunderschöne Wetter für einen Spaziergang am Haff zu nutzen.

Als ich im Sommer 1946 als Sechsjähriger mit meinen Eltern und meinem jüngeren Bruder Toni auf dem kleinen Balkon vor dem Zimmer meiner Mutter in meinem Elternhaus in Mill Valley bei San Francisco beim Lunch sitze, schwärmt mein Vater uns Kindern von den unvergesslich schönen Sommerferien vor, die er vor vierzehn Jahren als Junge drei Mal hintereinander an einem weit entfernten Ort in Europa verbracht hat. Er erzählt von einem paradiesischen Strandleben mit selbst gebauten Sandburgen, von Schwimmabenteuern bei hohem Wellengang und häufigen Bootsfahrten zusammen mit seinen Eltern und der jüngsten Schwester, von den Indianerspielen mit Zelten in einem Zauberwald voller Elche und Wildschweine. Und er erinnert sich, dass er und seine Indianer-Freunde beim Mittagessen zu Hause Kostüm und Federschmuck hätten anbehalten dürfen. Das, was er berichtet, erscheint mir als Sechsjährigem wie eine unerreichbar weit entfernte, geheimnisvolle Märchenwelt, wie der Inbegriff von Ferien. Den Ort seines begeistert geschilderten Kinderglücks und sommerlichen Freiheitsrauschs nennt mein Vater Nidden.

Am letzten Abend meines Besuchs im Juli 1997 breche ich vom Ortskern Niddens allein zu einem ausgiebigen Spaziergang auf. Ich bin entspannt und mit dem Gesamtergebnis meines Aufenthaltes sehr zufrieden.

Am Nachmittag habe ich meinen Vortrag über Thomas Manns brasilianische Mutter und über die in wenigen Monaten in Brasilien bevorstehende symbolische Eröffnung des dort geplanten Kulturzentrums gehalten. Die Leiterin und die wissenschaftliche Mitarbeiterin des hiesigen Zentrums hatte ich schon in den vergangenen Tagen mit Programmentwürfen und Fotos von Julia Manns noch erhaltenem Elternhaus an der idyllischen tropischen Küste zwischen Rio de Janeiro und Santos in das Projekt eingeweiht. Während unserer Gespräche hatte ich die beiden Damen spontan zu dem Festival in Paraty eingeladen, um uns dort in Vorträgen die noch nicht lange zurückliegende geglückte Zentrumsgründung in Nidden sozusagen als Modell für unser Vorhaben in Brasilien vorzustellen. Erfreulicherweise hatten die beiden zugesagt.

Kurz vor Anbruch der Dämmerung mache ich mich auf den Weg zum legendären, von der Kuppe der Hohen Düne abfallenden »Tal der Stille«. Am Hafen des Dorfes ist inzwischen abendliche Ruhe eingekehrt. Einige Fischer und ihre Frauen sitzen auf Bänken vor dem Kai. Die Sonne ist bereits untergegangen. Gestern habe ich am Ostseestrand das paradiesisch farbenreiche Schauspiel bis zum Versinken des letzten blutroten Sonnenzipfels im Meer ausgekostet. Heute konnte ich den Sonnenuntergang nur indirekt durch das Farbenspiel über der Düne erahnen. Während ich mich nun durch das Wäldchen am Ende des Dorfes der Düne nähere, weichen von ihr die letzten Spuren des rosafarbenen Lichts und der orangefarbenen Glut des Sandes. Als ich an ihrem Fuß ankomme, ist ihre Oberfläche in ein gleichmäßiges, pastellfarbenes Weißgrau getaucht. Auch ist heute Abend, wie gestern schon, der Wind eingeschlafen. In den Tagen zuvor soll das »Tal der Stille« wegen des den Sand in die Augen blasenden Windes kaum begehbar gewesen sein. Jetzt verstehe ich, warum dieses imposante Dünenfeld auch den Namen »ostpreußische Sahara« trägt.

Während meines Aufstiegs über die 200 Stufen der zwischen Kiefern- und Erlenanpflanzungen steil angelegten Holztreppe geht bereits der Mond fahl über dem Haff auf. Als ich, ziemlich außer Atem, oben auf der Kuppe bei dem Steinobelisken mit der Sonnenuhr angelangt bin, versinkt alles Umliegende – die See und der rot-weiß gestreifte Leuchtturm im Westen, das Haff und das Fischerdorf im Osten, die Wälder – langsam in einem Meer von Dunkelheit. Nur der Sand reflektiert noch ein weißliches Restlicht. Ich bleibe stehen und erfreue mich am Rundblick auf diese urwüchsige, fast elementare Landschaft. So russisch, ja asiatisch sie auch anmuten mag, lässt sie doch zugleich an Ägypten denken. Auf der nördlichen Seite erstreckt sich der litauische Teil der Nehrung wie ein schmales Handtuch aus Kiefernwäldern zwischen See und Haff, und auf der südlichen beginnt, hinter dichtem Buschwerk, das riesige, geschweifte und wieder langsam sowohl zum Haff als auch weit in russisches Gebiet abfallende Wanderdünenfeld, von dem erzählt wird, dass seine Sandoberfläche vom Wind zu immer wieder neuen, bizarren Formen geschliffen werde. Verbotsschilder weisen darauf hin, dass dieses Naturreservat nicht betreten werden darf.

Je dunkler der Himmel wird, desto heller beginnt der Mond zu scheinen, und auch die Sterne blinken so dicht und so greifbar groß vom Himmel herab, wie ich es in Europa nur vom Mittelmeerraum kenne. Aber schwarz ist die Dunkelheit, so nahe noch an der Sommersonnenwende, hier nicht. Es bleibt ein undurchdringliches Nachtblau, in dem sich Himmel und Meer kaum noch voneinander unterscheiden. In diesem Nachtblau steigt jetzt der Mond so steil bis zum Zenit empor, dass er sich in breitem Saum silbern im Haff spiegelt.

Ich kann mich vom hiesigen Urfrieden einer stehen gebliebenen Zeit kaum trennen. Gegen jede Vernunft warte ich darauf, dass nach Mitternacht vielleicht alles doch noch in ein Schwarzdunkel versinken wird, wie ich es in Mitteleuropa auch Anfang Juli gewohnt bin. Doch stattdessen – es muss gegen drei Uhr morgens sein – beginnt der Himmel im Osten wieder aufzuhellen. Auf einmal überfällt mich in dieser fremden und unendlichen Wirklichkeit, in diesem mir plötzlich wie ein Schauplatz von Öde, Leere und Verlassenheit erscheinenden Landschaftstraum, Angst und Beklemmung. Ich beeile mich, wieder zum Fuß der Düne hinunterzusteigen und mich dann rasch zum Hotel zu begeben, um vor meiner Rückreise nach Deutschland in einigen Stunden noch ein bisschen zu schlafen.

Umspült von bewegter Geschichte

Die schöne Riesin und Fischerstochter Neringa
schleppte Sand in ihrer Schürze und schüttete diesen
als lange, schmale Landzunge in der See auf, um so
die in Seenot geratenen kurischen Fischer vor der
Gewalt des tobenden Meeresgottes Bangputys zu
schützen. Gleich einem fest verankerten Schiff ragte
der Sandwall in die Fluten der Ostsee. Ihr litauischer
Name »Neringa« enthält das altpreußische Wort
»Neria«, welches bedeutet: ein von Wellen aufgewor-
fener Landstreifen.

Litauische Sage

An einem warmen, sonnigen Tag im Juli 2002 fahren wir
mit dem Auto auf der alten, quer über die Nehrung führenden Poststraße, die einst Königsberg mit Memel verband,
durch dichtes, früher von vielen Elchen bevölkertes Waldgebiet
zur berühmten Toten Düne zwischen Pervalka und Juodkrantė.

In den vergangenen Jahren hatte ich Gelegenheit, die großen Zentren Litauens wie Vilnius, Kaunas und Klaipėda ken-
nenzulernen. Umso wichtiger ist es mir jetzt, die mir bisher
verborgen gebliebenen Besonderheiten der Kurischen Nehrung näher zu erkunden. Ich fahre zusammen mit der in Paris
lebenden Schriftstellerin und Übersetzerin Dominique Mier-
mont, die zu einem Vortragsbesuch hier ist, und ihrem Mann
Jacques.

Vom vorgelagerten Halteplatz aus besteigen wir unter krei-
senden und kreischenden Möwen auf einem befestigten Pfad
die Düne. Im Gegensatz zu anderen, farbtupfenartig mit Strand-
disteln, Sandstiefmütterchen oder Sandglöckchen bewachsenen Dünen ist die Tote Düne ein nackter und eher unansehnli-
cher kleiner Sturzhang. Aber der Blick von ihrer weißgoldenen
Oberfläche hinunter zum Haff ist atemberaubend. Besonders
das jetzige helle Mittagslicht vereint das von nur wenigen weißen Wolkentürmen durchbrochene Mittelmeerblau von Himmel und See zu einer Farbsymphonie voller Leuchtkraft und
Weite. Sie bestätigt wieder einmal den herben Zauber dieser
Landschaft mit ihrer erdenfernen, magischen Melancholie.

Die Tote Düne gehört zu den wenigen völlig zum Stillstand
gekommenen Stellen des sonst nur aus riesigen Wanderdünen
bestehenden, lang gestreckten Sandwalls der Kurischen Nehrung. Ursprünglich stabilisierte der Bewuchs der Sanddünen
mit Strandgräsern, Krüppelsträuchern und Kiefernbäumen
über Jahrtausende das Erdreich und bewahrte die Nehrung
vor Erosion. Erst zu Beginn der Neuzeit zerstörten zunächst
die Ordensritter die Vegetationsdecke durch Abholzung eines
Großteils der Wälder für ihren Schiff- und Barackenbau, und
später exportierten die russischen Truppen im Siebenjährigen
Krieg das Holz der von ihnen auf der Nehrung gerodeten Wälder nach England. So verwandelte sich die einst dicht bewal-
dete Nehrung in eine wüstenartige Brachlandschaft. Wind und
Wetter trugen die exponierte obere Humusschicht ab und ließen die Sandmassen sich zu hohen Dünen auftürmen. Es entstand eine Sandwüste in der Ostsee, die der Kurischen Nehrung den Namen »ostpreußische«, »litauische« oder auch »europäische Sahara« eintrug. Die Dünen begannen aufgrund des
ständigen Westwindes bis zu 40 Meter pro Jahr ostwärts auf
das Haff zuzuwandern. Jahr um Jahr begruben die sich wie

Lavaströme heranwälzenden bleichen Sandungeheuer Dörfer, Häfen und Ackerland unter sich, und es mussten – oft mehrmals – ganze Dörfer umgesiedelt werden. Insgesamt zählt man über die Jahrhunderte auf der Nehrung fünfzehn versunkene Dörfer.

Auch Nidden, 1385 erstmals als Noyden erwähnt und damit eine der ältesten Siedlungen der Nehrung, versandete dreimal und musste jeweils um einige Kilometer verlegt werden, zuletzt im 18. Jahrhundert. Im Jahr 1709 wurde zusätzlich zu den Verschüttungen nahezu die gesamte Bevölkerung Niddens durch eine auf der Nehrung ausbrechende Pest hinweggerafft. Die in der Nazizeit hoch gefeierte, aus Ostpreußen stammende Dichterin Agnes Miegel erinnert in ihrer Ballade *Die Frauen von Nidden* an diese Katastrophe (»Und die Düne kam und deckte sie zu«).

Unter der Toten Düne, auf der wir jetzt stehen, ist das Vorgängerdorf des heute etwas nördlich gelegenen Pervalka (Pervelk) begraben, dessen Name »hergeschleppt« bedeutet. 1868 gab der ostpreußische Schriftsteller Ludwig Passarge seine Eindrücke von einem vom Sand verwehten Dorffriedhof mit freigelegten Menschenschädeln und gebleichten Knochen wieder: »Die Sandwoge, welche das Dorf und die Kirche vernichtet hat, hat auch den Gottesacker begraben. Aber die Düne ist auch weiter gewandert, der Wind hat das Leichenfeld aufgewühlt, und nun liegen die traurigen Reste entblößt und treiben mit dem Sturme und dem beißenden Sande.«

Man könnte meinen, die Schutzpatronin der Nehrung, Neringa, hätte die mutwillig räuberische Beschädigung ihrer zum Schutz der Menschen gegen den Meeresgott aufgebauten Sandburg mit einer Jahrhunderte anhaltenden Sintflut aus demselben Sand gesühnt. Erst ein großflächiges Aufforstungsprogramm des preußischen Staates um 1850 vermochte jene

Sandflut zu bremsen. Es wurden Strandhafer und Zwergkiefern angepflanzt und künstliche Vordünen geschaffen, die man mit Erlen- und Weidengebüsch befestigte, um den verwehten Sand abzufangen. So konnte das Erdreich stabilisiert werden, und die Dünenwanderung verlangsamte sich auf nur wenige Meter pro Jahr oder kam, wie bei der Toten Düne, ganz zum Stillstand.

Wir setzen unseren Ausflug fort mit einem Besuch des etwas nördlich in der Nähe von Juodkrantė gelegenen Negelschen Naturreservats mit mehreren Dünen, auf denen ganze Kolonien von Graureihern und Kormoranen nisten. Auch diese Dünen decken ein ehemaliges Dorf zu: Negeln, dessen Bewohner in dem heutigen Preila eine neue Heimat fanden. Dieses war seinerseits 1843 von Fischern gegründet worden, nachdem deren Dorf Karwaiten ebenfalls im Flugsand versunken war.

In Juodkrantė (Schwarzort) selbst besichtigen wir eine dort nur noch für kurze Zeit gezeigte Wanderausstellung mit Relikten aus dem Leben und dem folkloristischen Brauchtum der früheren Bewohner der Nehrung. Diese flohen vor Ende des Zweiten Weltkriegs fast alle nach Westen und wurden durch Neusiedler aus östlichen sowjetischen Teilrepubliken »ersetzt«. In der Ausstellung sind viele Fotos von früheren Fischern zu sehen. Große, kräftige und gesunde Gestalten, die Männer braun gebrannt und wetterfest, die Frauen in alten Trachten und mit feinen, stillen, vom Kampf ums Dasein gezeichneten Gesichtern. Wir erfahren, dass auf der Nehrung fast all jene ursprünglichen Bewohner irgendwie untereinander verwandt waren; die Namen Roll, Gulbis, Schekan, Pietsch, Rhesas und Blode etwa waren in fast jedem Ort mehrfach vertreten. Deren Träger ließen sich im nachbarschaftlichen Leben vor allem durch amtliche Nummerierung voneinander unterscheiden, darüber hinaus aber auch durch treffende Spitznamen wie beispielsweise »der Afrikaner«, »der Bong« oder »der Cognac« (weil der Betreffende Französisch sprach). Ihrer Abstammung nach waren die damaligen Nehrunger zumeist Deutsche, teilweise auch Litauer. Wenige gehörten noch den eigentlichen Ureinwohnern, dem von den Letten abstammenden Kurenvolk, an und sprachen die dem Sanskrit besonders nahestehende kurische Sprache. Da Litauen als letztes Land Europas erst im 14. Jahrhundert christianisiert worden war, hing besonders die litauische Landbevölkerung bis ins 18. Jahrhundert hinein spurenweise noch ihrer alten Naturreligion und deren heidnischem Brauchtum an. Dazu gehörte etwa das Anzünden von Opferfeuern auf den Dünen durch Zauberer sowie die Behexung von Fischen, um diese ins Netz zu bringen.

Die Ausstellung bietet auch Tonbandaufzeichnungen mit Auszügen eindrucksvoller Lieder, Tänze und Instrumentalmusik aus jener Zeit, interpretiert von einem bekannten litauischen Folklore-Ensemble. Alte Fischernetze hängen ausgebreitet im Raum, irgendwo stehen ein vom Wetter gebleichter Kahn aus Eichenholz und eine Angel, und es fehlt auch nicht an den geschnitzten bunten Kurenwimpeln, mit denen die kurischen Fischer auf dem Haff mit jeweils eigener Farbkombination und Anordnung von Symbolen ihre geografische und gesellschaftliche Zugehörigkeit anzeigten. Beim Hinausgehen entdecken wir an der Wand einige Fotos von den sogenannten Bukinen, den meist zu Gehöften gehörenden kleinen Gebäuden, in denen Fische geräuchert und aufgehängt wurden.

Erfüllt von den vielen Eindrücken, beschließen wir, vor unserer Rückfahrt nach Nidden noch dem sogenannten Hexenberg einen Kurzbesuch abzustatten. Schon den Ureinwohnern von Schwarzort galt der Evaberg, eine dunkelwaldige Düne unweit der Kirche, als sagenumwobener Ort. Die Litauer gaben ihm dann später seinen jetzigen Namen. Holzbildhauer schufen hier Ende der 1970er-Jahre über 80 Figuren aus dem Schatz litauischer Volksmärchen, Mythen und Heldensagen. Die skurrilen Skulpturen säumen wie eine volksmythologische Geisterbahn den Pfad durch den Nehrungsurwald. Es sind zum Teil übermannshohe, furchterregende Gestalten, die einem da begegnen: mit teuflischen Grimassen und weit aufgerissenen Augen und Mäulern drohende, zähnefletschende und hohnlachende Zwerge, Riesen, Monster und Meerjungfrauen, Waldgeister und Trolle, Neptune, hackebeilschwingende Kobolde, Gestalten mit Riesenfischen im Arm und solche, die sich in einem Boot verschanzen oder eines forttragen.

Bevor wir wieder ins Auto steigen, werfen wir noch einen Blick auf die hölzerne Statue der Neringa. Überaus naturalistisch wird hier dargestellt, wie sie die Nehrung erschuf, indem sie Sand aus ihrer Riesenschürze schüttete.

Gegen Ende des fünften Thomas-Mann-Festivals im Juli 2001 findet in der alten evangelisch-lutherischen Fischerkirche von Nidden ein Orgelkonzert mit einer Organistin aus Deutschland statt. Den Tag davor nutzt diese für Proben an der Kirchenorgel. Gegen Mittag steige ich über den Treppenaufgang und einen Kiesweg zwischen Grabdenkmälern und Kurenkreuzen hinauf zu der von hohen Bäumen umgebenen, schlank und vornehm aussehenden Kirche im neugotischen Stil aus roten Ziegelsteinen. Etwa auf halbem Wege bleibe ich stehen und lausche den aus dem Gebäude dringenden Bruchstücken der Orgelmusik. Gleichzeitig schaue ich mir die vielen Grabdenkmäler näher an. Zu meinem Erstaunen entdecke ich, dass diese keineswegs nur mit christlichen Symbolen versehen sind, sondern auch aus verwitterten, etwas unheimlich aussehenden Grabtafeln aus Eiche, Linde oder Birke bestehen, die von den im Heidentum wurzelnden alten Kuren stammen. Viele dieser

Grabtafeln sind in der Gestalt der als heilig verehrten Kröte geschnitzt und weisen Vogelverzierungen auf. Die Inschriften sind in kurischer, deutscher und litauischer Sprache verfasst. Irgendwann reiße ich mich los und begebe mich ins Kircheninnere, wo ich noch die letzten Takte eines sich gewaltig in den Raum ergießenden Bach-Präludiums mitbekomme, bevor sich die oben auf der Empore unsichtbar wirkende Organistin auf ihr nächstes Stück vorbereitet, wobei sie lautstark mit den Registerzügen hantiert.

Mir ist, als würden im Kirchenraum immer noch Reste winterlicher Kälte nisten. Das mag mit dem diesjährigen, hier eher kühlen und verregneten Sommer zusammenhängen. Die dunkle Holzverkleidung gibt dem Raum etwas Düsteres, aber zugleich auch Gemütlich-Intimes. Im Kontrast zu der Dunkelheit stehen der im Niddener Blau erstrahlende Altarraum und die helle Fensterglasmalerei *Christus streckt seine Hand dem Apostel Petrus entgegen, der Angst hat unterzugehen* – geschaffen von dem vor dem Krieg viele Jahre in Nidden lebenden expressionistischen Maler Ernst Mollenhauer. Während der Sowjetzeit diente die Kirche als Geschichtsmuseum der Kurischen Nehrung. 1984 wurde dann, nach langen Kämpfen der Bevölkerung gegen die staatlichen Behörden, die Orgel eingebaut. Und wenige Jahre vor der Befreiung Litauens von der Sowjetherrschaft wurde der frühere Gottesdienst wieder aufgenommen.

Jetzt beginnt die Organistin wieder zu spielen. Diesmal ist es das sanft und elegisch klingende G-Dur-Präludium von Felix Mendelssohn Bartholdy. Obwohl der eher ärmlich wirkende Orgelprospekt keine hohen Erwartungen weckt, empfinde ich den Klang als überraschend voll und rund. Ich freue mich auf das morgige Konzert und finde es überhaupt sehr passend, dass gerade diese Kirche, zusätzlich zu den nur während der Som mermonate von deutschen »Urlauberseelsorgern« geleiteten Sonntagsgottesdiensten, auch für das Thomas-Mann-Festival und andere Kulturveranstaltungen im Sommer häufig genutzt wird, bevor sich im Herbst ihre Pforten schließen.

Während der Brasilianischen Kulturtage Ende Juli 1998 machen einige der Gäste aus Brasilien und ich uns vor der nächsten Veranstaltung am Nachmittag auf zu einem großen Rundgang um Nidden herum. Wir steigen die Holztreppe zur Hohen Parniddener Düne hoch. Der Himmel ist grau, gleichwohl sind viele Menschen unterwegs. Vor allem oben erwarten uns Massen an Touristen, die fast alle von der Ostseeseite hochgefahren wurden, in Bussen, die jetzt dicht nebeneinandergereiht auf dem Parkplatz unterhalb des Steinobelisken mit der Sonnenuhr stehen.

Es hält uns nicht lange hier oben in der Menge der unruhig umherlaufenden und das »Tal der Stille« totschwatzenden Besucher. Wir gehen zuerst die große Straße entlang hinunter in Richtung Strand und flüchten bald vor dem Autoverkehr auf einen kleinen, durch eine Waldschneise führenden Pfad. Als wir eine Zeit lang mehr oder weniger blind unserem Orientierungssinn gefolgt sind und das Waldstück immer dichter wird, fragt mich der Schriftsteller João Silvério Trevisan etwas ängstlich, wo denn hier die russische Grenze sei, auf deren Nähe zur Hohen Düne ich meine Gäste aufmerksam gemacht hatte. Jetzt versuche ich meine Freunde mit dem Hinweis zu beruhigen, dass die Grenze etwa zwei Kilometer weiter südlich parallel zu unserem Pfad verlaufe. »Bist du sicher, dass wir wirklich parallel und nicht in Richtung Grenze gehen oder vielleicht sogar schon auf russisches Territorium geraten sind?«, fragt João Silvério zurück. Ich hatte ihm und den anderen erzählt, dass es bei Strandspaziergängen ratsam wäre, nicht zu weit ins Niemandsland vorzudringen. Das Problem seien weniger die litauischen als die russischen Grenzsoldaten, über die allerlei Geschichten von unliebsamen Begegnungen auf russischem Hoheitsgebiet kursierten. Ich rede weiter beschwichtigend auf João Silvério ein. Obwohl ich davon überzeugt bin, dass wir uns immer noch sicher auf litauischem Boden befinden, lasse ich mich für Augenblicke ein bisschen von seiner Unsicherheit anstecken. Wir kämpfen uns weiter durch das Dickicht vorwärts. Endlich taucht die große, quer verlaufende Straße vor uns auf, die wir mit Herzklopfen betreten. Ein rascher Blick nach links, und wir entdecken zu unserer Erleichterung in vielleicht 30 Metern Entfernung den Schlagbaum der litauischen Grenze, hinter der erst zwei Kilometer weiter die russischen Grenzbefestigungen liegen.

Auf dem weiteren Gang zum Ostseestrand, jetzt auf einem breiten Weg, erkläre ich meinen Gästen, dass vor über 50 Jahren genau an der Stelle der heutigen russischen Grenze die deutsche verlief. Da sie mich etwas ungläubig anschauen, erinnere ich sie nochmals an die für Südamerikaner nur schwer nachvollziehbare, wirrste Epoche Europas im 20. Jahrhundert und gebe dann einige inzwischen veröffentlichte Erinnerungen meiner Familie an ihre hiesigen grenznahen Erlebnisse in den frühen Dreißigerjahren wieder.

So schreibt Klaus Mann in seinem Lebensbericht *Der Wendepunkt* über den Aufenthalt bei seinen Eltern im Sommerhaus 1931: »Eine […] Kuriosität der Gegend war das große Lager – einige Kilometer von Nidden entfernt, schon auf deutschem Gebiet –, wo junge Leute sich einem gründlichen und professionellen Training in allerlei halbmilitärischen Sportarten, besonders im Segelflug, unterzogen. Bei gutem Wetter hörten wir die rauhen Kommandoschreie und lustige Gesänge der jungen Stimmen aus dem Vaterland zu uns herüberschallen. Manchmal sahen wir auch einige der Segelflieger – es müssen ihrer Hunderte gewesen sein – an unserem stillen Strand spazierengehen. Ihre Hemden und Sweater waren mit Hakenkreuzen geschmückt. Wir beobachteten ihre ungeschlachten, etwas tollpatschig wilden Spiele in den Dünen, in den Meereswellen. Auch ihre Badehosen zeigten an prominenter Stelle das völkische Emblem. Das war Nidden – primitiv und pittoresk, nicht ohne einen gewissen düster-traulichen Reiz.«

Und von Monika Mann wissen wir aus ihren Erinnerungen von 1956 an dieselbe Zeit: »Mein Vater […] schien guter Dinge, es war ihm kaum anzumerken, dass er unter den giftigen Strömungen jener Zeit litt. Am Strand beobachtete er gern einen sonnenbraunen Jüngling von schönem Wuchs, der sich da von früh bis spät im Laufen und Springen übte, im Speer- und Diskuswurf, er ging mit hohem Kreuz auf den Händen, schlug das Rad wie ein Pfau, und es war eine Freude, seinen geschickten Körper zu sehen. ›Körperfreude‹ – wie Papa ihn schlechthin getauft hatte – kam öfters in unsere ›Burg‹, wo er in seiner dunkelroten Trainingshose und Baskenmütze nackten Oberkörpers mit uns Ball spielte. Wir hatten ihn gern. Doch wie gut konnte man sich ›Körperfreude‹ vorstellen, in Schaftstiefel und Uniform und – ach! – eine Stachelpeitsche im Gürtel, mit der er gelegentlich ein paar Juden dressierte, auf den Händen zu gehen …«

Als Thomas Mann schließlich im August 1932 von Nidden aus im *Berliner Tageblatt* einen scharfen Protest gegen Terrorakte der SA nach den jüngsten Wahlen in Königsberg veröffentlichte, erhielt er – offenbar von einem ortsansässigen Nazi – eine Drohung. Wie er am 25. Mai 1943 von Amerika aus in seiner BBC-Sendung *Deutsche Hörer* berichtete, bekam er ein Paket zugeschickt. Darin war ein verkohltes, gerade noch erkennbares Exemplar der *Buddenbrooks*. Nach Katia

Manns Version fand die Familie eines Morgens das halb verkohlte Buch vor dem Zaun oder im Garten. Jedenfalls konnte
dieser Racheakt als individuelles Vorspiel der nur ein knappes
Jahr später erfolgenden zeremoniellen Massenverbrennung
von Büchern freiheitlicher Schriftsteller durch das inzwischen
in Deutschland etablierte Naziregime betrachtet werden. Im
Sommer 1932 ereignete sich noch ein weiterer Vorfall: Mitten im Wald begegneten Thomas und Katia zwei unheimlich
aussehenden Herren, sodass Katia sich blitzartig schützend
vor ihren Mann stellte. Zwar zeigte sich rasch, dass es sich in
Wirklichkeit um wohlgesinnte belgische Journalisten handelte.
Dennoch bestärkte diese Begebenheit die zunehmende innere
Entfremdung und erleichterte auch den Abschied von Nidden
im September 1932, der ein endgültiger werden sollte.

Während meines ersten Besuchs in Nidden im Sommer 1997
hält an der Einfahrt vor dem Thomas-Mann-Haus ein Auto.
Eine Krankenschwester steigt aus und hilft einem sehr alten,
gebrechlichen, am ganzen Körper einbandagierten Mann mit
dunkler Brille und Gehstock aus dem Auto. Dann nähert sich
der Mann, auf seine Begleiterin gestützt, mühsam dem Haus.
Zwei Mitarbeiter des Hauses, die sich gerade auf der Terrasse
aufhalten, melden den ungewöhnlichen Besuch den Damen
Jonušiene und Kibelka, die sofort herauskommen und auf die
beiden Gestalten zugehen. Es stellt sich heraus, dass der Mann
ein 96-jähriger Fliegeroffizier aus dem Zweiten Weltkrieg ist,
der hier in dem 1940 von Reichsmarschall Göring konfiszierten und dann als Erholungsheim für Luftwaffen-Fronturlau-
ber dienenden Haus mindestens einmal seine Ferien verbracht
hat und den es nach so langer Zeit nun zu nostalgischer Besichtigung hierhinzog. Die beiden Damen führen den Mann durch
das ganze Haus und sind darauf bedacht, ihn bis zum Ende sei-

nes Besuchs mit ausgesuchter Höflichkeit zu behandeln. Er erzählt ihnen während des Rundgangs stolz, er habe sich damals gern in Thomas Manns Arbeitszimmer aufgehalten, in dem noch die Originalmöbel gestanden hätten.

Vor allem bei meinem ersten Aufenthalt in Nidden wird wiederholt die dunkle Rolle Litauens während der nazideutschen Okkupation erwähnt. Nach der zwangsweisen Abtretung des litauischen Memelgebiets an das Deutsche Reich 1939 mit allen drastischen Folgen (unter anderem dem Verbot der litauischen Sprache und dem Verbot, litauische Rundfunksender zu hören) trieb Stalin, ermutigt durch seinen Nichtangriffspakt mit Hitler mit geheimem Zusatzprotokoll, die Annexion Litauens voran. Im Sommer 1940 erfolgte der sowjetische Einmarsch. Eine riesige Säuberungswelle rollte über das Land. Hohe Beamte, Politiker, Intellektuelle und Professoren wurden innerhalb kürzester Zeit zu Zehntausenden nach Sibirien deportiert, ermordet oder eingekerkert. Der Einmarsch der Wehrmacht im Juni 1941 wurde von den Litauern zuerst als Befreiung gefeiert. In dem von der einheimischen Intelligenzija fast vollständig leer gefegten Land fand sich eine erschreckend große Anzahl junger, orientierungsloser Männer, die sich freiwillig am Massenmord der Nazis an den als Sündenböcke für die sowjetischen Verbrechen abgestempelten litauischen Juden beteiligten. Sie wirkten mit an der Erschießung Hunderttausender jüdischer Bewohner, also von etwa 90 Prozent der jüdischen Bevölkerung, durch die SS und durch Sondereinsatzkommandos innerhalb weniger Wochen im Sommer 1941 sowie an der Errichtung von Gettos in den Großstädten, in denen die Überlebenden Zwangsarbeit ableisten mussten. Dieses Trauma nationaler Identität in der jüngsten Geschichte wurde vor allem in den ersten Seminaren aufgearbeitet, die vom Thomas-Mann-Kulturzentrum seit 1997, zusätzlich zu den großen Sommerfestivals, das ganze Jahr über mit Themen aus der Erinnerungs- und Kulturgeschichte aller Ostseeanrainerstaaten durchgeführt werden.

Umso neugieriger bin ich, in Nidden selbst Näheres über die Nazizeit und insbesondere über das damalige Schicksal des Hauses zu erfahren. Man berichtet mir, dass nach dem Weggang meiner Familie im Spätsommer 1932 der Maler Ernst Mollenhauer das Haus betreut und wohl gelegentlich an Dritte vermietet habe, dass es aber trotzdem zunehmend verwaist sei. Wie im Staatsarchiv München in den »Akten Thomas Mann« vermerkt, war nach dem Anschluss des Memellandes an das Deutsche Reich 1939 in einem Schreiben der Staatlichen Kreiskasse Heydekrug vom 24.1.1940 (»Betr.: Besitzverhältnisse des beschlagnahmten Grundstücks des Thomas Mann in Nidden«) an den Oberfinanzpräsidenten in Königsberg das »früher dem Thomas Mann gehörige in Nidden belegene [sic] Grundstück [...] infolge seiner Ausbürgerung dem Reiche verfallen«. Nachdem das Grundstück laut Auskunft des Regierungspräsidenten von Gumbinnen zuerst an die »Stiftung« des berüchtigten und korrupten Königsberger Gauleiters Erich Koch gehen sollte, gelangte es schließlich als »Jagdhaus Elchwald« in den Besitz des »Reichsjägermeisters« Göring. Dieser war selbst offenbar nie dort, wohl aber seine Fliegeroffiziere und vor allem wiederholt Hitlers Architekt und Rüstungsminister Albert Speer. In meiner Familie kursierten nach Kriegsende in Kalifornien groteske Legenden über diese Inbesitznahme. So sei, wie Erika Mann in ihrem »Brief an meinen Vater« zum 70. Geburtstag Thomas Manns 1945 schreibt, auf Görings Veranlassung »unser Niddenhäuschen [...] viel stattlicher jetzt als früher, prächtig ausgebaut, umgeben von Stallungen, Dienerschaftsgebäuden und gepflasterten Promenaden«. Und Thomas Mann bemerkt einige Jahre später ebenfalls brieflich: »Ich hörte, daß Göring es seinerzeit zu einem Jagdschlößchen ausgebaut haben und die schönen Elche abgeschossen haben soll, die in den Wäldern nahe Nidden noch auf freier Wildbahn herumstolzierten, und die wir oft im Wägelchen besuchten.« Als wahr herausgestellt hat sich lediglich, dass auf Görings Veranlassung die Terrasse vor dem Haus um ein Drittel vergrößert wurde.

Während des zweiten Thomas-Mann-Festivals im Juli 1998 findet im Thomas-Mann-Haus ein abendliches Konzert nur mit Werken von Franz Schubert statt, vorgetragen vom renommierten Kaunas-Streichquartett und einigen Gesangs- und Instrumentalsolisten aus Litauen, Russland und Deutschland. Für heute ist in den kleinen und überfüllten Räumen ein besonderer, prominenter Gast angesagt: der ehemalige litauische Parlamentspräsident Vytautas Landsbergis mit seiner Frau und zwei Töchtern. Landsbergis ist von Haus aus, wie auch seine drei anwesenden Familienmitglieder, Musiker, vor allem Pianist und als Musikwissenschaftler Experte für das kompositorische Werk des litauischen Nationalhelden Mikalojus Konstantinas Čiurlionis. Er ging erst ziemlich spät in die Politik, errang dort jedoch schnell seine historisch herausragende und Litauen in die Unabhängigkeit führende Stellung. Genaueres darüber weiß ich bisher noch nicht. Ich merke nur an der Hochachtung, die ihm vor allem von der Leitung des Kulturzentrums entgegengebracht wird, dass er eine besonders hochrangige Persönlichkeit in der litauischen Öffentlichkeit ist. Heute ist er als Privatmann zu uns gekommen, als Musikhörer und wohl auch als besonders eifriger Leser von Thomas Mann. Wie ich hörte, soll er schon manchmal hier gewesen sein, um auf dem Konzertflügel auf der verglasten Veranda nur für sich zu spielen. Er und seine Familie werden von Frau Jonušiene und

Frau Kibelka auf reservierte Plätze in der ersten Reihe dicht vor demselben, auch heute bespielten Flügel geleitet. Ich habe mir schon vorher rechtzeitig irgendwo in der Mitte des Zuhörerraums einen freien Sitz gesichert und werde mich nach dem Konzert mit Herrn Landsbergis persönlich bekannt machen. Dieser ist von kleiner, gedrungener Gestalt, und mit seiner betont soliden, fast biederen Kleidung, seinem Spitzbärtchen, der Brille und dem scharfen Blick sieht er viel eher aus wie ein Gelehrter als wie ein Künstler oder gewiefter Politiker.

Neben mir sitzt Lenas, einer der studentischen Mitarbeiter bei diesem Festival, die für freie Kost und Logis bei der Bewältigung der vielen organisatorischen Aufgaben helfen. Als Germanistikstudent an der Universität Klaipėda spricht Lenas nicht nur gut Deutsch, sondern ist auch mit der jüngsten Geschichte seines Landes vertraut. Mir entgeht nicht seine unverhohlene Begeisterung über die Anwesenheit des gefeierten Politikers. Deshalb möchte ich die letzten Minuten vor dem Beginn des Konzerts dafür nutzen, ihn nach den Einzelheiten des verdienstvollen Wirkens des noch bis vor zwei Jahren amtierenden Parlamentspräsidenten zu fragen.

Ich weiß bereits, dass Litauen von Anfang an die politisch schwierigste und widerspenstigste Sowjetrepublik gewesen ist. Dies lag, abgesehen vom Vorherrschen des Katholizismus in diesem Land, auch an dem gewichtigen ostpreußischen Erbe des Memelgebiets, das bis zum Ende des Sowjetimperiums wie ein Stachel in dessen Fleisch wirkte. In den ersten drei Jahren nach Kriegsende kehrten etwa zehntausend 1944 in Richtung Westen geflüchtete Memelländer in ihre Heimat zurück und wagten erst nach Stalins Tod ihre langsame Rückwanderung zu Tausenden vor allem nach Westdeutschland. Nach einem gewissen resignativen Gewöhnungsprozess Litauens an die sowjetische Ordnung nach dem Berliner Mauerbau 1961 wurde die Memelstadt Klaipėda immer mehr zu einer geschlossenen, fast nur noch von Russen, Polen und Ukrainern bewohnten Stadt, aus der die deutsche Sprache so gut wie verschwand.

Durch Seeleute gelangten jedoch mehr westliche Konsumgüter in die Hafenstadt als an andere litauische Orte. Die Jugendlichen trugen Jeans und Schlaghosen und hörten die verbotenen Beatles, die Rolling Stones, Pink Floyd und Jimi Hendrix. Im nahe gelegenen Seebad Palanga wurde ein Flughafen für Badegäste und allgemein Besucher der Kurischen Nehrung aus Moskau und Leningrad gebaut. Die wenigen auf dem ländlichen Gebiet noch ansässigen Memelländer hegten größere Sympathie für die Kultur der DDR als für die ihrer sowjetischen Heimat, wie in Ruth Kibelkas Buch *Memelland* nachzulesen ist. Ostdeutsche Strickmuster wurden von den Großmüttern als eleganter befunden, sie fieberten im Fernsehen mit um die Medaillen für die Eisprinzessinnen aus Karl-Marx-Stadt und sorgten dafür, dass ihre Enkeltöchter nach Gabi Seyfert und später nach Katarina Witt benannt wurden.

Nachdem sich in den frühen Achtzigerjahren wegen der zunehmenden Mangelerscheinungen in den Geschäften und der Stagnation des litauischen Alltags vor allem im Bereich der propagandistisch verödenden Medien immer mehr Unzufriedenheit breitgemacht hatte, setzte mit der Wahl Michail Gorbatschows endlich Tauwetter ein, und Glasnost und Perestroika erreichten auch die baltischen Sowjetrepubliken. Der Antiamerikanismus flachte ab, die Reisefreiheit in kapitalistische Länder wurde größer, und 1987 wurde die Moskauer Zeit durch Rückstellung der Uhren um eine Stunde abgeschafft, was eine enorme symbolische Wirkung hatte. Aufgerüttelt durch den Atomunfall in Tschernobyl, mehrten sich besonders seitens Umweltschützern die Protestkundgebungen im Lande.

Und vor gut zehn Jahren, so erinnert sich jetzt Lenas neben

mir an seine Zeit als Schüler, sei, nach 40 Jahren sowjetischen Terrors mit willkürlichen Massendeportationen in der Stalin-Zeit, über 300 000 litauischen Opfern und immer wieder niedergeschlagenen Widerstandsversuchen, endlich entscheidende Bewegung in die baltischen Länder gekommen. 1988, so berichtet er stolz, gründete Vytautas Landsbergis mit einigen Mitstreitern die litauische Unabhängigkeitsbewegung *Sajudis*, um die Perestroika durchzusetzen. Und eben diese Sajudis, mit Landsbergis als Parteivorsitzendem, führte Litauen in die Freiheit. Er selber sei, so berichtet Lenas immer noch ganz erfüllt von jenen bewegten Jahren, bei der von der Sajudis 1988 organisierten ersten Massenkundgebung mit gehisster litauischer Nationalflagge dabei gewesen. Nachdem ein Jahr später Sajudis unter Landsbergis die überwältigende Mehrheit im Obersten Sowjet Litauens errungen hatte, bildeten die Litauer im August 1989 – zum 50. Jahrestag des Hitler-Stalin-Pakts – zusammen mit den anderen baltischen Völkern eine aus über zwei Millionen Bürgern bestehende, 600 Kilometer lange Menschenkette von Vilnius bis nach Tallinn. Mit dem Gesang nationaler Freiheitslieder, der ihnen die Bezeichnung »singende Revolution« einbrachte, demonstrierten sie so geschlossen für die Unabhängigkeit. Kurz darauf sei die litauische kommunistische Partei aus der KPdSU ausgetreten, andere Parteien seien zugelassen worden, und der inzwischen zum provisorischen Staatsoberhaupt erhobene Landsbergis habe im März 1990 das Land für unabhängig erklärt, bis eine neue Verfassung in Kraft treten würde. Die sowjetische Antwort darauf sei ein Embargo für Öl- und Lebensmittellieferungen und Anfang 1991 die Erstürmung des Fernsehturms und des Parlaments von Vilnius durch sowjetische Panzer und Infanteristen mit über einem Dutzend Toten und Hunderten von Verletzten gewesen. Doch die gesamte Entwicklung unter Landsbergis, zusammen mit der Anerkennung Litauens als unabhängiger Staat durch die USA und die Europäische Gemeinschaft sowie Litauens Aufnahme in die UNO, habe schließlich Moskau dazu gezwungen, Litauens Unabhängigkeit ebenfalls anzuerkennen.

»Und warum ist Landsbergis dann nicht endgültig Staatspräsident geworden?«, frage ich erstaunt und tief beeindruckt. »Ich meine, wie Václav Havel etwa zur gleichen Zeit in der Tschechoslowakei?« Der Vergleich mit Havel erscheint mir fast zwingend, zumal Vytautas Landsbergis, wie der frühere Theaterschriftsteller und unerschrockene Dissident Havel, nicht nur ein erfolgreicher Freiheitskämpfer gewesen ist, sondern von Haus aus auch ein Künstler. »Ja, bei den ersten Präsidentschaftswahlen 1992 gewannen dann doch die sozialdemokratisch orientierten litauischen Reformkommunisten, und Landsbergis geriet zunehmend in den Schatten von deren Vorsitzendem Algirdas Brazauskas«, erklärt Lenas. »Aber er blieb immerhin bis 1996 Parlamentspräsident.«

Jetzt erscheinen vorne unter Applaus die ersten Vortragenden und eröffnen den Schubert-Abend. Dargeboten wird ein sehr schön zusammengestelltes Programm voll von exzellent gespielter Kammermusik, zwischendurch kommentiert von der Musikwissenschaftlerin Ona Narbutiene aus Vilnius. Nach dem Konzert begebe ich mich nach vorn und begrüße mit einem Händedruck Vytautas Landsbergis, erfüllt von einem Gefühl höchsten Respekts.

Nach dem Festival und den anschließenden Brasilianischen Kulturtagen schlendere ich Anfang August, am letzten Tag meines diesjährigen Sommeraufenthalts, bei strahlendem Wetter durch das historische Viertel von Nidden zwischen dem Hafen und dem Wäldchen, durch das man zur Hohen Düne kommt. Durch dieses Viertel führen vor allem zwei Längsstraßen, an denen ausschließlich alte, denkmalgeschützte Fischerhäuser aus der Vorkriegszeit, insgesamt an die fünfzig, stehen. Sie sind alle schlicht, gleichwohl bunt gestrichen, mit Reet oder Ziegeln bedeckt und mit geschnitzten Dachgesimsen versehen. Einige dieser Häuser sind erst über einen Weg durch einen schützend langen Vorgarten zu erreichen, vorbei an etwas zerzaust aussehenden Bäumen mit auffallend kleinen Sauerkirschen daran. Auf der überdachten Terrasse eines dieser wie von der Straße weggerückten Häuser sitzen Leute an kleinen Tischen bei Kaffee und Kuchen, serviert von einer älteren, in Tracht gekleideten Frau. Offenbar ist in diesem Privathaus eine öffentliche Kaffeeterrasse eingerichtet worden. Ich betrete durch ein niedriges Gartentor vorsichtig das Grundstück und begebe mich nach hinten zur Terrasse. Die Kaffee servierende Frau, offensichtlich die Dame des Hauses, zeigt mir freundlich einen noch freien Tisch.

Während ich auf Kaffee und Kuchen warte, sehe ich mich ein wenig um und entdecke im halbdunklen Inneren des Hauses einen mächtigen Kachelofen und vergilbte Fotos sowie Kurenwimpel an den bunt angestrichenen Zimmerwänden. Als die Dame des Hauses mit dem Bestellten zurückkommt, setzt sie ihre Unterhaltung mit dem älteren Ehepaar fort, das am Tisch neben mir sitzt. Es stellt sich heraus, dass die Besitzerin eine vor wenigen Jahren heimgekehrte Memelländerin ist. Als kleines Kind zusammen mit ihren Eltern nach Kriegsende von hier vertrieben, fand sie jetzt ihr Elternhaus unverändert wieder. Den sehr schmackhaften Kuchen hat sie nach einem Rezept ihrer Großmutter gebacken.

Ich höre aus dem Gespräch heraus, dass die am Nebentisch sitzende Frau eine ähnliche Vorgeschichte hat. Sie und ihr Mann sind aus Westdeutschland zu Besuch hier, da sie ihm ihr früheres Elternhaus zeigen wollte. Es steht am anderen Ende der Straße und wird jetzt anderweitig bewohnt. »Vielleicht haben Ihre Eltern damals meine gekannt«, sagt die Frau bewegt. Die Dame des Hauses nickt gerührt. Ich versuche, mich in das Erleben dieser heimgekehrten Menschen hineinzuversetzen. Es gelingt mir nur sehr unvollkommen. Das Wort »Heimat«, das im weiteren Gespräch zwischen der Hausherrin und dem Ehepaar mehrmals fällt, hat für mich einen etwas zwiespältigen Beiklang. Mir kommt es vor, als stecke darin ein nur flüchtiges und irreales Haften an einer tief vergrabenen und längst verlorenen Vergangenheit. Vielleicht machen mir dieses Wort und die etwas wehmütig anklagende Art, mit der es ausgesprochen wird, auch ein wenig Angst. Besonders, wenn ich mir die historischen Hintergründe jenes Heimatverlustes vergegenwärtige. Immerhin liegen die politischen Ereignisse, die den ehemaligen Bewohnern der Kurischen Nehrung oder deren Nachkommen einen leichteren Zugang zu ihrer alten Heimat ermöglicht haben, erst wenige Jahre zurück.

So unmittelbar wie jetzt bin ich noch keinem jener »Heimwehtouristen« oder auch »Elchen« begegnet, wie sie von den hiesigen Einwohnern gern genannt werden. Von Weitem sieht man sie hier überall und glaubt sie auch leicht zu erkennen, ob unter den in Bussen herangefahrenen Besuchern des Thomas-Mann-Hauses, auf der Straße oder in der »Goldenen Düne«, in der ich auch dieses Jahr untergebracht bin. Aber ich habe mir sagen lassen, dass diese »Elche« das hiesige Straßenbild längst nicht mehr so stark bestimmen wie in den ersten Jahren nach Litauens Befreiung, als viele Westler in regelrechter Goldgräberstimmung in das Land eingefallen seien. So überwiegt auch in der »Goldenen Düne« inzwischen eine völlig andere Gruppe von Gästen. Es sind neureiche, nicht sehr vertrauenswürdig aussehende Gestalten aus der benachbarten russischen Exklave

Kaliningrad, meist mit entsprechender Damenbegleitung und großen schwarzen Limousinen, deren Zentralverriegelung nachts auf dem Hotelparkplatz unangenehm schrill zwitschernde Geräusche von sich gibt, wenn das Auto auf- oder abgeschlossen wird. Die vielen Russen scheinen den immer noch visumfreien Pendelverkehr zwischen den ehemaligen Sowjetrepubliken ausnutzen zu wollen, bis die unabhängige Republik Litauen die schon lange angekündigte Visumspflicht wieder einführen wird. Wieder eine ganz andere Gruppe sind die jungen Einheimischen, die man auf der Straße, in Restaurants und abends besonders vor der Diskothek sieht – die Männer in schwarzen Lederjacken und mit Goldkettchen, die Mädchen oft in puppenhaft grellem Plastik-Outfit und mit platinblondiertem Haar. Ihre Gesichter wirken meist leer und unglücklich, und ihre Unruhe und Nervosität haben etwas Aggressives an sich, so als wollten sie sich nicht mehr dabei stören lassen, ihre oberflächlichen Vergnügungen endlich frei auszuleben.

Zunehmend drängt sich die Vermutung auf, dass diese Gemütsverfassung eine Nachwirkung der Vergangenheit ist, eine Folge der zerstörten Traditionen und der sozialen Entwurzelung der Generationen vor ihnen, die schon seit der litauischen Staatsgründung 1918 fast durchgehend fremdbestimmt waren und durch wiederholte Umsiedlungen hin und her geschoben wurden. In ihren Gesichtern glaube ich manchmal Spuren davon zu erkennen, dass ihnen und ihren Eltern fast ein halbes Jahrhundert lang das Nachdenken verboten wurde oder dass sie es sich abgewöhnt haben. Dieselbe Leere drückt sich auch in der von überall her aus den Lautsprechern der Touristenrestaurants und -cafés dröhnenden Unterhaltungsmusik aus. Dieser ortsweiten Geräuschkulisse über Tage oder gar Wochen ausgeliefert zu sein, hat etwas Zermürbendes, fast Demoralisierendes an sich. Ich hoffe sehr und bin im Grunde auch zuversichtlich, dass sich auf diesem geschichtsträchtigen, verletzbar exponierten Landflecken, der so idyllisch in der Ostsee liegt, die Stimmung der jungen Generation im Lauf der Jahre vorteilhaft ändern wird.

Juli 2008. Seit meinem ersten Besuch auf der Kurischen Nehrung vor elf Jahren hat sich, vier Jahre nach dem Beitritt Litauens zur Europäischen Union, Niddens Gesicht in der Tat stark verändert. Die Veränderungen zu registrieren, war für mich nicht ganz leicht, da ich kontinuierlich fast jeden Sommer und zwischendurch auch bei Sitzungen des Thomas-Mann-Kuratoriums im Frühjahr oder im Herbst zur Planung der nächsten Sommerfestivals hier gewesen bin. Aber wenn ich in diesen Tagen auf dem Weg zum Ostseestrand bin, inmitten vieler auch junger Feriengäste, die in Badebekleidung zu Fuß oder auf dem Fahrrad und mit oder ohne Angelrute unterwegs sind, wird mir der Umbruch immer deutlicher. Allein in Nidden gibt es mittlerweile an die zehn Hotels, eine große Zahl komfortabler Ferienwohnungen und Bed-and-Breakfast-Unterkünfte. Und auch das Angebot in den Restaurants hat sich gegenüber der vitaminarmen Kohlehydratkost vor zehn Jahren völlig dem westeuropäischen Standard angepasst – ganz abgesehen von den sich überall rasch ausbreitenden Fressbuden sowie den Läden und Verkaufstischen mit Nepp und Nippes aus Bernstein. Campingplätze, Boots- und Fahrradverleihe schießen wie Pilze aus dem Boden. Auch Straßenmusiker gehören zum alltäglichen Bild im hochsommerlichen Kurbetrieb. Beliebt sind, neben den Bootsfahrten auf dem Haff, Wanderungen am Strand mit seinem berühmten schneeweißen, feinen Sand sowie Kutschfahrten entlang der breiten Strandpromenade. Auch die einheimischen Jugendlichen wirken inzwischen ruhiger, selbstbewusster und zufriedener.

Hand in Hand mit dem ausgebauten Tourismus geht ein Generationswechsel in den Reihen der Besucher. Die sogenannten Heimwehtouristen werden weniger. Es scheint, als würden sie langsam abgelöst von den Jungen, auch von Halbwüchsigen oder Kindern, die von ihren Großeltern oder Eltern Fahrrad-, Angel- oder Campingurlaube spendiert bekommen. Was die Russen betrifft, so sind sie seit der Einführung der Visumspflicht wie von der Bildfläche verschwunden.

Einzig gleich bleibt sich in Nidden dessen kleine Museenwelt, die auch weiterhin eher für die ältere Touristengeneration interessant zu sein scheint. An ihrem praktisch unveränderten Bestehen lassen sich die sonstigen Neuerungen umso leichter erkennen. Zwei der Museen in Niddens Ortsmitte sind nur sehr mäßig besucht: das Historische Museum mit einem Überblick über Traditionen und Kultur der kurischen Fischer und, als Ableger des Hauptstadtmuseums in Vilnius, das Bernsteinmuseum mit seiner Nachbildung des im 19. Jahrhundert beim Ausbaggern des Hafens von Juodkrantė entdeckten, aufsehenerregenden Bernsteinschatzes aus fünfhundert Broschen, Amuletten und Figuren in einem Steinzeitgrab. Ganz anders verhält es sich mit dem immer weiter erneuerten Thomas-Mann-Museum und dem jetzigen Thomas-Mann-Kulturzentrum im ehemaligen Sommerhaus, das während der Sommermonate täglich busweise von Pilgern besichtigt wird.

Und hinter der Fassade? Sind die Menschen hier wirklich glücklicher geworden? Ich meine besonders die Einheimischen auf der Kurischen Nehrung, vor allem in den touristenfreien Monaten im Winter. Und überhaupt. Wie geht es den Menschen auf dem litauischen Festland, in den großen, gepflegten Zentren wie auch in den abgelegeneren, ländlichen Gegenden besonders im Osten des Landes? In Niddens Touristenidylle oder gar auf dem Olymp des Thomas-Mann-Hauses ist zu der Frage, wie es insgesamt in Litauens Seele aussieht, nicht viel zu erfahren. Doch ich werde bald Antworten darauf finden.

Onkel Toms Hütte

> … wir fuhren also für einige Tage nach Nidden auf der
> Kurischen Nehrung und waren so erfüllt von der
> Landschaft, dass wir beschlossen, dort Hütten zu bauen,
> wie es in der Bibel heißt.
>
> Thomas Mann: *Mein Sommerhaus*, 1931

3. Oktober 2010. Ich werde in der Morgendämmerung mit
dem Dienstauto der University of Kansas in Lawrence/USA
von meinem Hotel abgeholt. Zusammen mit mir fährt Professor Guy Stern, einer der Referenten des gestern Abend been-
deten dreitägigen Internationalen Symposiums »Exil und Per-
formance/Inszenierung«, zum Internationalen Flughafen von
Kansas City, von wo aus auch er heute nach Hause fliegt. Guy
Stern, der 1937 als Fünfzehnjähriger aus Deutschland emi-
grierte, lehrte bis zu seiner Emeritierung an mehreren amerikanischen Universitäten, mit dem Schwerpunkt Migranten-
literatur. Ich habe in meinem gestrigen Abschlussvortrag »Zwischen den Rassen – zwischen den Kulturen. Exil als Heraus-
forderung« u. a. die Exilschicksale von Heinrich und Thomas
Mann vor dem Hintergrund der brasilianischen Abstammung
ihrer Mutter Julia da Silva-Bruhns-Mann nachgezeichnet.
In der anschließenden öffentlichen Diskussion habe ich die
drei Sommeraufenthalte der Manns 1930–32 im litauischen
Nidden als eine politisch zunehmend belastete Übergangszeit
zwischen ihrem Leben in Deutschland und ihrem Exil in der

Schweiz und den USA erwähnt. Ich bezog mich dabei auch auf ein von Thomas Mann in Nidden gegebenes Interview für das *Hamburger Fremdenblatt* vom 14. August 1932, gegen Ende seines letzten dortigen Sommers. Darin bekannte der Schriftsteller, er fühle sich in seinem Niddener Heim »wie auf einem Schiff«. Dies war nicht nur eine überaus treffende Charakterisierung der geologischen und geschichtlichen Struktur der von ihm als Sommersitz ausgewählten Kurischen Nehrung. Das »Schiff« war auch eine fast hellseherische Metapher für seinen eigenen Weg aus dem brennenden Europa über den Ozean ins Exil nur wenige Jahre später, vielleicht überhaupt eine richtige biografische und psychologische Kennzeichnung des Künstlers und seiner Familie allgemein. Professor Stern zeigte gerade für die erste ausländische Station der Mann-Familie in Litauen vor ihrer Emigration besonderes Interesse. Ich schlug daher vor, ihm während der gut einstündigen Autofahrt vom Hotel zum Flughafen das, was ich über Thomas Mann in Nidden weiß, etwas ausführlicher zu berichten.

Anlässlich einer Einladung des Königsberger Goethebundes zu einer Vorlesung in Königsberg im August 1929 verbrachten Thomas und Katia Mann mit ihren beiden jüngsten Kindern Elisabeth und Michael einige Ferienwochen im Kurhaus des samländischen Ostseebades Rauschen. Thomas Mann war vom mondänen Betrieb dieses Massenkurorts wenig angetan. Auf eine besondere Empfehlung des jungen österreichischen Konsuls Bernhard Koch fuhr er für die letzten Ferientage ins nicht sehr weit entfernte litauische Nidden, das bis Ende des Ersten Weltkrieges zum deutschen Memelland gehört hatte.

Der Zauber der Nehrung und ihre insulare Lage – etwa in der Mitte zwischen Berlin und Sankt Petersburg – hatten schon Forscher wie Wilhelm von Humboldt sowie die beiden ostpreußischen Schriftsteller Ludwig Passarge und Walter Heymann angezogen. Ende des 19. Jahrhunderts war Nidden ein wald- und dünenreiches Fischer- und Feriendorf gewesen, mit einigen Hotels und Wirtshäusern, einer Kirche, einem Schulhaus, einer Arztpraxis und einer Apotheke. Das kulturelle Zentrum bildete der am idyllischen Haff gelegene Gasthof des Mäzens Hermann Blode. Hier stiegen über hundert Maler der Königsberger Akademie, aus Berlin und aus Dresden ab und bildeten eine regelrechte Künstlerkolonie, eine Art Worpswede des Ostens. Zu ihnen gehörte Lovis Corinth, der um 1893 den heute in der Münchner Neuen Pinakothek ausgestellten *Fischerfriedhof von Nidden* malte. Später gesellten sich die Brücke-Maler Max Pechstein und Karl Schmidt-Rottluff sowie Oskar Moll und insbesondere Ernst Mollenhauer dazu, der 1920 Blodes Schwiegersohn wurde und nach dessen Tod 1934 zusammen mit seiner Frau die Leitung des Gasthofs übernahm.

Die deutschen Expressionisten faszinierten das Licht und die Farben der Umgebung, vom strahlenden Himmelsblau bis zum Haff mit seinen fast endlosen Blautönen, wie auch die reichhaltigen Motive auf der Nehrung: die Häuser mit den blau gestrichenen Giebeln und Fensterrahmen und den am First sich kreuzenden Pferdeköpfen, die Bauerngärten hinter den Staketenzäunen, die Ziehbrunnen, Fischernetze und Kurengräber, umleuchtet von einer unendlichen Blumenpracht. Nach der Tagesarbeit in ihrem Freilichtatelier versammelten sich die Maler abends gern zur Diskussion von Kunstproblemen im Schein der Petroleumlämpchen auf Blodes lang gestreckter, gedeckter Veranda mit wunderbarem Blick auf das Haff oder in einer Künstlerecke in der Gaststube des Hotels. Blode hatte extra ein Atelier eingerichtet, das er zeitweise an Pechstein oder Moll vermietete. Die Gaststube sah bald aus wie eine Galerie, da Blode eifriger Sammler war und Bilder als Bezahlung von Kost und Logis annahm. Karl Schmidt-Rottluff hat uns von seinem Schaffen in Nidden die noch vor dem Ersten Weltkrieg gemalten Bilder, beispielsweise *Landschaft mit Leuchtturm, Three Nudes – Dune Picture from Nidden* und *Sun over Pine Forest*, hinterlassen und Max Pechstein aus den Zwanziger- und Dreißigerjahren seine *Fischerboote, Fischerbucht* und *Fischer III* (Aquarell und Tuschpinselzeichnung). Von Ernst Mollenhauer stammen der noch 1962 unmittelbar vor seinem Tod aus seiner Erinnerung gemalte *Hafen in Nidden* und *Haus Hermann Blode in Nidden*. Nach der Rückgliederung des Memellandes an das Deutsche Reich 1939 erklärte man Mollenhauers Werk für »entartet« und verbot dem Künstler das Malen und Ausstellen. Mollenhauer konnte es zwar verhindern, dass sein Werk und die ganze Sammlung Hermann Blodes einem »Bildersturm« zum Opfer fielen. Doch nach Mollenhauers Flucht in den Westen wurde im Januar oder Februar 1945 die Sammlung einschließlich seiner eigenen Bilder von sowjetischen Truppen in einer Sauna verheizt.

Auch Thomas Mann stieg mit seiner Familie im Gasthof Blode ab. Nach nur wenigen Tagen entschlossen er und Katia sich, wahrscheinlich auch unter dem Einfluss des »Einheimischen« Ernst Mollenhauer, ein Sommerhaus zu bauen. Nachdem sie anfangs mit einem Platz am Fuße der Hohen Düne geliebäugelt hatten, den sie die »Bucht von Portofino« nannten, der ihnen jedoch von Mollenhauer wegen des schlechten Grundwassers und der vielen Mücken an der Stelle ausgeredet wurde, wählten sie eine auf der Gegenseite des Dorfes gelegene Anhöhe mit dem seltsamen Namen »Schwiegermutterberg« und einem traumhaften Rundblick über das Haff aus. Das Tölzer Ferienhaus war bereits seit zwölf Jahren verkauft. Nidden lag

zwar unpraktisch weit von München entfernt, mit zwei Nacht-
zugfahrten nach Berlin und von dort nach Königsberg, dann
mit der Bahn oder dem Taxi weiter nach Cranz und schließlich
per Schiff nach Nidden.

Der ausschlaggebende Punkt scheint für Thomas Mann jedoch die reizvolle Tonio-Kröger-Mischung aus nördlichem
und italienischem Flair, aus deutschen und russischen Einflüs-
sen gewesen zu sein. Die gottvolle Ruhe und scheinbare Gren-
zenlosigkeit machten dieses vieldeutige Niemandsland mit
doppeltem Ufer, trotz der unmittelbaren Nähe zur deutschen
Grenze, wahrscheinlich auch zu einem Refugium, vielleicht
sogar einer Art Vor-Exil aus der politisch sich rapide verdüs-
ternden, bereits verfallenden deutschen Republik. Der Flecken
war zudem weit genug entfernt von Hiddensee, wo der Rivale
Gerhart Hauptmann thronte. Eine weitere Rolle dürfte der
günstige Kaufpreis in litauischer Währung gespielt haben.

Ein Haus auf einer Anhöhe über dem Wasser zu bauen,
scheint die Wahl aller nachfolgenden Domizile des Schriftstellers bis zu seinem Lebensende beeinflusst zu haben. Ob Küs-
nacht, Pacific Palisades, Erlenbach oder Kilchberg, immer domi-
nierte der Blick hinab auf den See oder das Meer. Selbst das
über dem Starnberger See gelegene »Villino«, in das sich der
Schriftsteller in den frühen Zwanzigerjahren von München
aus gern zum ungestörten Arbeiten zurückzog (sein »Felda-
finger Mauseloch«, wie er es nannte), dürfte damals freie Aussicht auf den See gehabt haben. Interessant ist – was Thomas
Mann nicht wusste –, dass auch das Elternhaus seiner Mutter
in Brasilien direkt über der Atlantikküste lag, mit idyllischem
Blick auf die inselreiche tropische Bucht von Paraty.

Über 70 Jahre später erinnerte sich Thomas Manns jüngste
Tochter Elisabeth: »Schon der erste Besuch in dem so naturnahen Dorf, wo es keine Autos gab und man mit einem Pferde-

wagen im Hafen abgeholt wurde, und wo es keine Elektrizität gab – das erste Niddener Elektrizitätswerk wurde gleichzeitig mit unserem Haus erbaut! – und man gemütlich, im Schein des Öllämpchens auf der mit Glasfenstern versehenen Terrasse von Blodes Hotel, das Nachtessen einnahm, war bezaubernd ... Die Spaziergänge an dem schönen, wilden Strand; die Ausflüge in die großen Wanderdünen und das Elchrevier, der erste ›Italienblick‹ vom Schwiegermutter-Hügel, wo das folgende Jahr unser Haus stehen sollte, sind unvergeßlich, und daraus mag sich erklären, daß die schnelle Entscheidung unserer Eltern, eben dort ein Haus zu bauen, uns Kinder mit Begeisterung erfüllte.«

Wenige Monate nach dem Entschluss, ein eigenes Sommerhaus zu bauen, konnte Ernst Mollenhauer Thomas Mann brieflich mitteilen, dass die Verhandlung mit der Forstverwaltung über eine Verpachtung des betreffenden Grundstücks für 99 Jahre erfolgreich verlaufen sei, und sogleich wurde der Architekt Herbert Reissmann aus Memel mit dem Entwurf von Haus und Möbeln beauftragt. Am 16. Juli 1930 konnte die Familie in das ländlich einfache, aber nach den örtlichen Maßstäben doch sehr komfortable Haus einziehen – mit soliden Möbeln, Kamin, Grammofon, Radio und später auch Telefon. Zusammen mit Katia und Thomas trafen die zwanzigjährige Monika, die beiden elf- und zwölfjährigen Kinder Michael und Elisabeth sowie eine Köchin mit ihrem Sohn ein. Die Ankunft des nur Monate vorher mit dem Nobelpreis Geehrten muss Berichten von Katia und Thomas zufolge einen wahren Volksauflauf bereits am Landungssteg von Nidden verursacht haben. Auch während der Fahrt in Blodes bereitgestellter Kutsche in das neue, fertig eingerichtete Heim – dem die Einheimischen bald den Spitznamen »Onkel Toms Hütte« ga-

ben – jubelte die am Straßenrand versammelte Dorfbevölke-
rung dem Ankommenden wie einem Monarchen zu.

Für die drei Aufenthalte der Familie in den Sommermo-
naten zwischen 1930 und 1932 fehlen die Tagebücher Thomas Manns, die er 1945 im amerikanischen Exil verbrannt hat.
Doch sind viele Berichte, auch von ihm selbst, von Thomas
Sprecher in »*Alles ist weglos*«. *Thomas Mann in Nidden,* einem
Sonderheft der *Marbacher Magazine,* zusammengestellt worden. Darin erfahren wir, dass die Aufenthalte in Nidden für
Thomas Mann keine Ferien waren; auch dort ging er seinem
disziplinierten, ganz auf Arbeit ausgerichteten Tagesablauf
fast unverändert nach. Darauf hatte die Familie strenge Rück-
sicht zu nehmen. Er durfte nicht gestört werden, weder bei der
Arbeit noch beim Nachmittagsschlaf. Nach dem Frühstück mit
kurzem Waldspaziergang davor schrieb er mit dem Blick von
seiner Mansarde aufs Haff einige Stunden vor allem an den
Josephs-Geschichten. Mit ähnlicher Pünktlichkeit wie Imma-
nuel Kant bei seinen Tagesverrichtungen in Königsberg folgte
er zwischen elf und zwölf Uhr seiner Familie ans Meer, wo
er im Strandkorb weiterarbeitete. »Der Strand empfiehlt sich
nicht durch Komfort. Nur wir haben einen Strandkorb, alle anderen Gäste bauen sich Sandburgen«, sagte er in dem Vortrag
»Mein Sommerhaus«, den er 1931 vor dem Rotary Club München hielt. Nachmittags las er oder schrieb Briefe, von Hand
oder indem er sie Katia diktierte, die sie abends auf der Schreibmaschine ins Reine tippte. Elisabeth erinnerte sich noch lange
daran: »Als Kind bin ich oft mit dem Geräusch der Schreibmaschine im Ohr eingeschlafen. Später im Leben [...] bildete ich
mir beim Einschlafen ein, ich höre die Schreibmaschine klap-
pern. Das war ein so beruhigendes Geräusch«, erzählte sie später in einem Interview.

Am Nachmittag kam auch oft Besuch: Journalisten, einige

von weit her. Einmal erschien eine Schülergruppe aus der kleinen Stadt Švėkšna. Litauische Verehrer brachten dem Schriftsteller ein Ständchen. Des Öfteren fanden sich die beiden Fotografen Isenfels und Krauskopf ein und knipsten Bilder, die von der Familie teilweise als Ansichtskarten verwendet wurden: die Familie im oder vor dem Haus, auf der Terrasse oder in der Kutsche, der Hausherr mit Kapitänsjackett und -mütze oder mit Bademantel und Zigarette am Strand. Einheimische Kinder boten im Haus Waldbeeren zum Verkauf an. Abends wurde wie zu Hause Musik gehört. Im Ort war Thomas Mann nicht viel zu sehen. Katia kaufte dort ein. Sie berichtete, dass ihr Mann bis zum Schluss die litauische Währung nicht kannte.

Auch vom Leben der Kinder der Manns im Sommerhaus und darum herum gibt es einiges zu erzählen.

Manche Sommergäste verboten ihren Kindern, mit den Fischerkindern zu spielen. Dies war bei den Manns nicht der Fall. Gemeinsam wurde im Wald Indianer gespielt; am Strand waren Ballspiele besonders beliebt. »Die Kinder bauten im Sand«, erzählte Katia Mann später. »Und dann kam das schönste Vergnügen des Tages, das Bad in der Ostsee. Die ist ja in Nidden besonders großartig und hat oft eine gewaltige Brandung. Noch heute erinnere ich mich mit einem gewissen Schrecken daran, wie ich wohlgemut mit meinem zwölfjährigen Sohn Michael herausschwamm und dann mit Müh und Not gegen die tosenden Wellen wieder ans Land gelangte.«

»Nidden!«, schwärmt auch mein Vater Michael fast 35 Jahre später. »Dieser Name ist für mich fast gleichklingend mit Sommerferien, Freiheit, Kinderglück. Wir hatten ein Ruderboot, mit dem wir in die Wanderdünen fuhren, einmal sogar, ausgerüstet mit heißem Kaffee, in Begleitung unseres Vaters. […] Unsere Eltern versorgten uns damals mit viel Lektüre, darunter, besonders von meinem Vater empfohlen, Storms *Schimmel-*

reiter. Eine kleine Storm-Ausgabe wurde für uns aus Berlin bestellt, in deren Genuß mein Vater sich mit uns geteilt hat. So
entstand die Studie über Storms *Schimmelreiter.* Auch sie paßt,
darf man wohl sagen, in die Niddener Landschaft.« Wie Katia
berichtete, beschäftigte sich der Vater in der Tat »immer gern
mit den Kindern, las ihnen vor oder erzählte ihnen auch Mär-
chen, wobei er besonders Andersen bevorzugte […]. Er zeichnete auch häufig für sie; besonders schwebt mir ein eleganter
Herr vor, der die Unterschrift trug: Ballherr feinster Art.«

Elisabeth äußerte sich, ebenfalls 35 Jahre später, wie Michael
unvermindert begeistert: »Die Morgengänge durch den Wald
ans Meer; die Nachmittagsgänge zum Italienblick, zu den
Wanderdünen, die Wagenfahrten ins Elchrevier. […] Die Leute,
das Segeln auf dem Haff (ich wollte immer einmal im Winter kommen, zum Eissegeln; aber das ging nicht, wegen der
Schule); die Brombeeren im Wald; die Muscheln am Strand.«
Und noch viel später, im Januar 2000, befand sie: »Selbst die
Sprache der dortigen Menschen, Kurisch, und der Akzent, mit
dem sie Deutsch sprachen, waren faszinierend. So sagte das
Hausmädchen, zum Beispiel, ›wird schönes Wetttter werden,
Herrchen wird jeben‹. Und mit ›Herrchen‹ war der Liebe Gott
gemeint. Auch meine Eltern zeigten Interesse für die einzigartige kurische Sprache – die inzwischen leider ausgestorben
ist. Als ich Nidden, nach über 60 Jahren […], wiederbesuchte,
gab es im Dorf nur noch eine uralte Frau, die Kurisch sprach,
und ihren Sohn, der es verstand … Und die Frau ist wohl inzwischen auch nicht mehr da. In den Jahren unserer Sommeraufenthalte aber sprach die […] Bevölkerung Kurisch, eine
nicht-indogermanische Sprache, wohl der ugro-finnischen
Sprachgruppe zugehörend.«

Bei allen Unternehmungen war auch Monika dabei. Sie
schreibt in ihren Memoiren von 1956: »Mein Vater ist an der

Ostsee geboren, und es hat ihn immer wieder dorthin oder auch an ein anderes Meer gezogen. [...] Wir schweiften durch die schier endlosen fein- und weißsandigen Dünen [...] und wir tobten in den Wellen und wir schweiften abends unter den Sternen, die nirgends so hell und klar und mannigfach sind wie über dem Meer. Und wir ließen uns von Sonne und Wind bräunen und beleben, sahen dem Mond zu, wie er schwand und wuchs, ließen einen Tag um den anderen sorglos vergehen. [...] Oft regnete es tagelang. Dann war Meer und Himmel eins, Dünen, Wälder und verstreute Häuser mit Strohdächern – alles zerfloß im nassen Grau, in einer seltsam kräftigen, ›untraurigen‹ Melancholie.«

Fast die ganzen ersten Sommerferien lang hielt sich der 21-jährige Golo Mann im Haus auf und schrieb an seiner Dissertation über Hegel. Nach den 1986 von ihm verfassten *Erinnerungen und Gedanken* war er der Einzige, der sich dort weniger wohlfühlte: »Unlust, die Sommerferien mit der Familie [...] zu verbringen.« 1932 kam er nochmals kurz vorbei, auf der Rückfahrt von seiner Reise mit dem kleinen DKW durch Finnland.

Erika Mann war nur im Sommer 1931 kurz da. In ihrem 1965 erschienenen Artikel »Die letzte Adresse« vergleicht sie Nidden mit ihrem Jugendsommerparadies in Tölz: »Ein zweites Landhaus entstand – in etwas unpraktischer Ferne diesmal – in Nidden, auf der Kurischen Nehrung. Immer noch gab es Kinder, die sich im Ferienparadies tummelten: Medi und Bibi, will sagen, Elisabeth und Michael, waren jetzt so alt, wie Klaus und ich es im letzten Tölzer Sommer gewesen, und wenn uns fast Erwachsenen das Nidden-Häuschen weniger bedeutete, verglichen mit dem versunkenen und eben dadurch verklärten Tölz, so kannten die Kleinen es nicht anders, als dass man des Sommers in Nidden daheim war.«

Klaus Mann, der im selben Sommer nach Nidden kam, urteilt zwiespältig. In seinem Lebensbericht *Der Wendepunkt* bezeichnet er das Haus als »sehr viel weniger geräumig und repräsentativ als das Tölzhaus, welches es ersetzte«, und als »unpraktisch weit von unserem Münchener Zentrum« gelegen. Dafür beschreibt er in seinem Ende September 1931 im Berliner *Acht-Uhr-Abendblatt* erschienenen Artikel »Nidden« umso beeindruckter und voll zarter Poesie die Landschaft um das Haus herum:

Von meinem Zimmer aus sehe ich: einen Baum, etwas Schilf und das Haff. Das Haff, manchmal still-blau, ein südliches Meer. Manchmal unliebenswürdig grau gekräuselt. Manchmal fettbraun mit helleren gelben Streifen.

Am Nachmittag sehe ich die Segelschiffe der Fischer zum Fang hinausfahren, eine wohlgeordnete, stattliche Flotte. Und ich weiß, daß die draußen liegen werden, die ganze Nacht. Etwas Festliches hat ihr Auszug: aber ich fürchte, daß sie gegen vier Uhr morgens zerstreut zurückkommen, und dann haben die Männer müde, fahle Gesichter.

Von unserem Haus geht man fünfundzwanzig Minuten zum Meer auf sandigem Boden, durch Wald, in dem die Bäume schief stehen, so hart hat ein unermüdlicher Sturm ihnen zugesetzt.

Es geht erst bergauf, dann bergab.

Auf kurzer Wanderung hört man die Brandung rauschen, vor allem bei Seewind. Das sind die Tage, die wir am liebsten haben, dann sind die Wellen so hoch wie in Kampen auf Sylt – nur schmecken sie nicht so salzig, sondern ein wenig flau wie Gurgelwasser – das ist entschieden ein Nachteil.

Ein Teil der Dünen ist angepflanzt, damit der Wind sie nicht wegträgt. Voll niedrigen stacheligen Grüns breiten sie sich vor unseren Augen endlos aus, und die gelblichen Sandwege durchziehen sie kreuz und quer; man verirrt sich.

Aber am späten Nachmittag spazieren wir zu den eigentlichen Dünen, den gelb-sandigen, zum Tal des Schweigens, wo uns afrikanische Landschaft empfängt. Nirgends in Europa war ich je so weit fort von Europa.

Afrika, ich erinnere mich ganz stark der gelben Härte deiner fernen Horizonte, gegen die, verzweifelt gekrümmt, ein einzelner Baum steht. Gelbliche Weite, geheimnisvoll ruhend und geheimnisvoll bewegt, wie die Welle des Meeres. Saharalandschaft, ja Saharalandschaft hat dieser Fleck auf der Nehrung.

Und mit welch schmerzender Schönheit die ungeheuere Zeremonie des Sonnenuntergangs in diesem schweigenden Tal sich vollzog. Rosig Gewölk, in Smaragdgrün schwimmend; leichtester Wolkenschaum, der sich immer noch einmal anders verteilt und wieder gruppiert und sich noch einmal verfärbt, bis er die gewaltige Sonne endlich hinuntergeleitet.

Dann sinkt über die Sandwellen bläuliche Dämmerung. Und in jedem Fußstapfen, den wir hinter uns lassen, wird ein schiefer, schwarzer Schatten liegen bleiben, die kleine Vertiefung mit dem Dunkel eines Brunnenabgrunds füllend ...

Den nächsten Nachmittag werden wir ohne Frage unternehmungslustig genug sein, um mit dem Zweispänner, den es im Gasthaus Blode zu mieten gibt, die Fahrt zu den Elchen zu machen.

Eine neue Landschaft von Nidden lernen wir kennen (Nidden ist reich!): das Birkenwäldchen und das Ufergesträuch der Erlen und die weit ruhende Heide.

Unser alter Kutscher hat ein durchtriebenes Mongolengesicht, dabei sieht er deutlich dem Sokrates ähnlich, hat er doch dessen Nase und die tiefschlauen Äuglein. Der kennt sich hier aus. Und mitten durch dickes Gebüsch, wo nie ein vernünftiger Mensch hätte hoffen dürfen, eine Kutsche durchzubekommen, fährt er uns dorthin, wo er die Elche vermutet.

Ich habe zwölf Elche gesehen. Acht Damen und Kinder, vier Herren. Die Männchen mit ihren Geweihen fanden wir, einen gemütlichen Herrenclub, auf einer Waldwiese ruhend, als wir schon, leicht enttäuscht, heimfahren wollten. Sie erhoben sich erst, als wir ganz nah an sie heranfuhren und riefen.

Wie fremd sie bei unserem Zweispänner standen, aus einer anderen Zeit herangezaubert zu uns. Wieviel Rassen sich zu vermengen schienen in ihren wunderlichen Figuren: Kamel und Büffel, Hirsch und Pferd; und den schwermütig-dummen Blick haben sie von der Gazelle. Auf ihrem Geweih aber sprießt – und das ist das Rührende an ihrer rührend-würdevollen Gestalt – ein leichter moosiger Flaum, ein zarter rosiger Schimmel …

Da wären noch zu erzählen tausend hübsche Merkwürdigkeiten: Wie die Pferde hier frei durch die Wälder laufen, so daß man ihrer wilden Herde begegnet wie auf der Prärie; und was für eine sonderbare Sprache die Leute hier reden.

So weit scheint Deutschland, und bis zur Grenze ist es doch nur ein kleiner Spaziergang. Man ist bald in Rossitten, wo junge Leute das Segelfliegen erlernen.

Des Abends beschwören wir mit unserem Zauberapparat – Radio – die Konzerte aus Kalundborg, Warschau, Königs Wusterhausen, Motala und Paris. Zu uns kommen, über Dünen und Haff, Lehar, Grieg und Puccini. Und wir hören erschrocken Berichte über die landwirtschaftlichen Preise in Königsberg.

Im ersten Niddener Sommer traf noch weiterer Besuch ein – Katias Eltern Alfred und Hedwig Pringsheim. Alfred Pringsheim war Mathematikprofessor und Geheimrat an der Universität München. Obwohl er und seine Frau den Niddener Plan anfänglich eine »Kateridee« genannt hatten, nahmen sie die Einladung dorthin an, kamen und feierten – zusammen mit einigen mitgebrachten Kollegen, darunter der Mathematiker David Hilbert, und deren Frauen – am 2. September Alfred Pringsheims 80. Geburtstag. Monika Mann berichtet in ihren Erinnerungen von einem riesigen, wahrscheinlich für Nidden einmaligen Feuerwerk am Abend: »Das bunt zischende Raketenzeug stob zu den Sternen auf, und die Fischersleute staunten mit breiten Beinen und offenen Mündern.« Aber auch von Hedwig Pringsheim-Dohm selbst ist uns, ein knappes Jahr später in *Reclams Universum* unter dem Titel »Wir reisen nach Nidden« veröffentlicht, ein mit zauberhaftem Witz geschriebener Reisebericht erhalten geblieben:

Bis zum vergangenen Jahre hatte ich den Namen Nidden noch nie gehört: so ungebildet war ich. Da bekam ich eines Tages einen Brief mit diesem Poststempel von meiner Tochter, die mit ihrer Familie auf einer Reise durch die Ostseebäder dorthin verschlagen war und mir voller Entzücken von ihrer Entdeckung berichtete: der kleine unbekannte Badeort sei so reizvoll und eigenartig, daß sie sich ernstlich mit dem Gedanken trügen, sich dort anzubauen. Mein Mann und ich kamen zu der kurzen und lakonischen Ablehnung: »Kateridee!« Aber die Jungen sind unternehmender und klüger, und so wurde dann der anfänglich nur spielerisch behandelte Plan Ereignis: man trat mit einem geschickten Memeler Architekten in Verbindung, die Baupläne wurden von Memel nach München, von München nach Memel hin und her geschickt, zur gegebenen Zeit die ganze Einrichtung und die Möbel in Memel bestellt, und nicht ganz Jahresfrist stand das brieflich gebaute und eingerichtete Haus fix und fertig zum Einzug der Familie Thomas Mann bereit, und mit dem ersten Schulferientag trat man die weite Reise an.

Und dann kam die Einladung an uns, und wir fuhren tatsächlich hinauf, über Berlin, Danzig, Königsberg. – Die zwei Tage in Königsberg verdarb uns strömender Regen. So waren wir froh, als wir bei glücklicherweise aufklarendem Himmel das große schöne Schiff der litauischen Linie besteigen konnten, das uns von Cranzbeek in dreiundeinerhalben Stunde über das Kurische Haff nach Nidden führte, eine sehr angenehme und wunderschöne Fahrt, mit dem malerischen Ufer auf der linken Seite, das man nie aus den Augen verliert und das mit seinen berghohen, blendend weißen Dünen, die kurzsichtigen Augen Schneeberge vorspiegeln, außerordentlich seltsam und stimmungsvoll wirkt. Bei Rossitten, der berühmten Vogelstation, ging die alte deutsche Fahne mit der Gösch, die bis dahin neben der litauischen geweht hatte, herunter: wir waren auf litauischem Gebiet. Bald kam Nidden in Sicht, und die jungen Reisegefährten, mit denen wir ins Gespräch gekommen waren, machten uns auf ein erhöht liegendes Haus aufmerksam: »Sehen Sie, das ist die Villa von Thomas Mann.« Als wir schamhaft bekannten, dies eben sei das Ziel unserer Reise, stiegen wir turmhoch in ihrer Achtung; und das war ja denn eine Woche lang unser Los; wir waren, im Schatten des Titanen, schlecht und recht »die Schwiegereltern von Thomas Mann«.

Nun, möge uns nie ein schlimmeres Los treffen! Wir haben eine sehr schöne Zeit dort verlebt, und dies Nidden, diese »Kateridee« von Nidden, lieben gelernt. Es ist ein durchaus eigenartiger Ort mit seinen strohgedeckten, mit grünen Läden versehenen und mit bunten Blumen umkränzten Holzhäuschen, köstlich unbeleckt vom Getriebe und Betriebe moderner Seebäder. Es erstreckt sich lang und schmal am Nordufer des Kurischen Haffs; zum Ostseestrand wandert man eine halbe Stunde durch den schönen duftigen Nadelwald. Aber schöner und malerischer als am Meer ist es eigentlich am Haff. Das Mann'sche einfache, aber unglaublich praktisch gebaute, und dabei mit dem durchaus landesunüblichen Komfort der Neuzeit ausgestattete Haus liegt auf einer Anhöhe, die ganz ohne mein Zutun von jeher »der Schwiegermutterhügel« heißt. Es hat einen prachtvollen Blick über das weite Haff und ist der Zielpunkt aller neugierigen Einwohner, Badegäste und Passanten.

Nidden hat, abgesehen davon, daß es an sich sehenswert ist, zwei Sehenswürdigkeiten mit Stern: die Dünen, die sich rühmen, die höchsten von Europa zu sein, und die Elche, die man sonst nur noch in den zoologischen Gärten antrifft. Um die Elche mit Muße zu genießen, nimmt man sich einen Wagen und kutschiert zwei Stunden und mehr durch die Wildnis. Manchmal sieht es aus wie ödes weites Steppenland, dann wieder wie ein Märchenwald, in dem duftige hochstämmige Birken aus dem dichten Schilfgewucher emporzublühen scheinen: fremd, urzeitgemäß, sagenhaft. Und hier hausen nun diese fremden, urzeitgemäßen, sagenhaften Elche. Sie werden geschont, dürfen nicht abgeschossen werden, und das wissen die schlauen Biester ganz genau. Denn sie sind gar nicht scheu, laufen vor Menschen in Kutschen nicht davon, sondern grasen ruhig weiter. Die Einheimischen wissen todsicher, wo sie sich aufzuhalten pflegen, und so tut man denn selten eine Fehlfahrt. Wir bekamen auf unserer Expedition dreizehn Stück zu Gesicht; höchst überraschend, ihnen so einfach im Walde zu begegnen, plötzlich auf du und du mit einer versunkenen Welt zu stehen.

Und ebenso sensationell, fremdartig und urweltlich ist der Gang über die Dünen. Sehr anstrengend und ermüdend, fast schon eine Gebirgspartie ist das, und man muß seine Kräfte ordentlich zusammennehmen, will man die höchste Spitze erklimmen. Sand, Sand, nichts als Sand: schier unheimlich, wüstenhaft, beklemmend ist die endlose Öde. Nicht umsonst heißt die trostloseste Stelle »das Tal des Schweigens«. Hat man aber mit einer letzten Anstrengung die höchste Höhe erklommen, so ist ein wahrhaft zauberhafter Blick der Lohn. Im Wald traf ich am Sonntagmorgen sechs litauische Soldaten in Uniform mit ihren Mädchen. Sie sangen mehrstimmig ihre Volksweisen, das klang so klagend, so melancholisch, so zeitlos: sie sangen sie wohl schon, als die Elche noch nicht geschont wurden, wenn sie auf die Elchjagd gingen. Ich kann nur sagen: geht hin und schaut es selber an. Aber um Gotteswillen nicht zu zahlreich, sonst wird Nidden gleich ein Modebad, und um seinen Zauber ist es geschehen.

Nur knapp zwei Wochen nach Alfred Pringsheims Geburtstagsfeier, am 14. September 1930, verließ Thomas Mann das einzige Mal in diesem Sommer mit der Kutsche Nidden, um im deutschen Nachbardorf Rossitten seine Stimme für die Reichstagswahl abzugeben. Die NSDAP gewann statt der bisherigen 12 Sitze im Reichstag 107. Nach diesem höchst beunruhigenden Ergebnis hielt Thomas Mann im Oktober in Berlin anstelle einer Lesung aus dem *Joseph* eine politische Rede: »Deutsche Ansprache. Ein Appell an die Vernunft«.

Die sich in Niddens Naturidylle bereits im ersten Sommer anbahnende politische Katastrophe spitzte sich von Jahr zu

Jahr immer schärfer zu. Der letzte Sommer, in dem Thomas Mann den zweiten Teil seiner Tetralogie, *Der junge Joseph*, abschloss und mit dem dritten begann, muss von besonders schöner Witterung gewesen sein. Aber das politische Vorgefühl war drückend. Auf einer Ansichtskarte an die noch in Deutschland lebende jüdische Bibliothekarin Ida Herz lobte Thomas Mann diesen Sommer als »preiswert von Natur; was der Mensch oder doch der Deutsche dazu tat, war freilich übel. [...] Ich bin ein gutes Stück weiter mit dem 3. Bande des *Joseph* gekommen, und wäre nicht die Politik gewesen, so wär's gewiss noch mehr und besser geworden.« Und in einem Brief an einen Leipziger Verleger Anfang August 1932 schrieb er, als deutscher Schriftsteller sei es heute kein Vergnügen mehr, in Deutschland zu arbeiten. Wenige Tage zuvor hatten die Nationalsozialisten 230 von 608 Mandaten erhalten. In Königsberg kam es zu Terrorakten durch die SA, bei denen Kommunisten, Sozialisten und Bürgerliche ermordet wurden. Es folgten der Protest Thomas Manns im *Berliner Tageblatt* und die postalische Drohung der Nazis in Form des verkohlten *Buddenbrooks*-Exemplars. Für Thomas Mann und seine Familie war es der letzte Sommer in Nidden und in Deutschland überhaupt. Im Mai 1933 schrieb Klaus Mann an einen Freund: »Nidden! Wie Du Dir das denkst! Wir würden dort ohne Frage umgebracht werden. Wir haben längst nicht mehr erwogen, dorthin zu gehen.«

In den Besitz von Göring gelangte Thomas Manns Ferienhaus bald nach 1939, als die Kurische Nehrung »heim ins Reich« kam und Klaipėda wieder Memel hieß. Während der Kämpfe um die Nehrung Anfang 1945 wurde ein Teil des Hauses durch eine Granate weggerissen. Anfang Februar nahm die Rote Armee während ihres Vorrückens nach Königsberg Nidden ein;

das ganze Memelgebiet wurde in die litauische Sowjetunion eingegliedert. Die neuen Machthaber führten massenweise Deportationen aus Litauen in Lager jenseits des Urals durch und siedelten Bauern und Fischer aus sowjetischen Teilrepubliken an. Ein besonders schweres Schicksal durchlebten die sogenannten Wolfskinder, die im Chaos der Flucht ihre deutschen Eltern verloren hatten und vor der Roten Armee in die Wälder flüchteten oder bei litauischen Bauern um Essen bettelten und dort Unterschlupf fanden. Die Überlebenden unter ihnen wurden bald in großer Zahl in Heime gebracht und später zu neuen Eltern nach Deutschland ausgesiedelt. Mit der deutschen Bevölkerung verschwand auch endgültig die kurische. Wegen ihrer Nähe zur Westgrenze des kommunistischen Imperiums wurde die Nehrung zum militärischen Sperrgebiet erklärt, welches bis zur Entminung des Haffs 1956 von niemandem betreten werden durfte. Die dort nach und nach aus sowjetischen Teilrepubliken angesiedelten Fischer wurden, nach Brigaden organisiert, zu Fischereikolchosen und zu »Arbeitern der See«.

In den ersten Nachkriegsjahren hausten Mitglieder einer russischen Garnison im kriegsbeschädigten Niddenhäuschen mit der unverändert malerischen Aussicht und verheizten im Winter dessen Türen und Fensterläden. Nachdem das Haus 1954 auf eine Liste »abzutragender Kriegsruinen« geraten war, wurde es, als ein Jahr später die Eigentümerschaft Thomas Manns in Litauen zunehmend bekannt wurde, zum ersten Mal restauriert und diente dann Facharbeitern aus verschiedenen Teilen der litauischen Sowjetrepublik als provisorische Unterkunft mit Kanonenöfchen und Gemeinschaftsküche. Litauische Intellektuelle trugen schon damals den Plan mit sich herum, im Haus eine Gedenkstätte einzurichten. So etwa der Autor und Vorsitzende des litauischen Schriftstellerverbandes Antanas Venclova, der 1955 als Angehöriger einer sowjetischen Schriftstellerdelegation in Weimar Thomas Mann begegnete, als dieser dort seine Schiller-Rede hielt, und ihm zu dessen Freude von den Restaurierungsplänen berichten konnte. Venclova setzte sich auch weiterhin zusammen mit dem Historiker Alfredas Tytmonas und dem Journalisten Leonas Stepanauskas für die Restaurierung ein. Angesichts der bleibend antideutschen Haltung der Sowjetunion konnte Thomas Manns Sommerhaus nur mit der Begründung wiederhergerichtet werden, dass der Schriftsteller ein bedeutender Antifaschist und immerhin Nobelpreisträger gewesen war, auch wenn er während der Nazizeit nicht in das ideologisch richtige Exil gegangen war. Nach der völligen Aufhebung der Militärsperre 1961 wurde die Kurische Nehrung systematisch zum Urlaubsort für sowjetische Gewerkschaftsgruppen auch aus Moskau und Leningrad; es wurden Ferienhäuser und Sanatorien für sowjetische Arbeiter- und Bauerntouristen errichtet, unter anderem der Niddener Hotelkasten »Goldene Düne«. Das Thomas-Mann-Haus wurde 1967 als Filiale der Stadtbibliothek von Klaipėda und als einzige Gedenkstätte für einen deutschsprachigen Schriftsteller auf sowjetischem Boden für Besucher geöffnet; regelmäßig fanden dort nun Gesprächskreise und Lesungen statt. Im Sommer 1974 soll das Haus über 150 000 Besucher gezählt haben.

Zur Feier von Thomas Manns 100. Geburtstag 1975 erfolgte die nächste umfassende Renovierung des Hauses dank einer Spende über 40 000 Rubel von der Regierung der litauischen Sowjetrepublik. Die DDR-Regierung übergab der Gedenkstätte in Nidden als neue Exponate Kopien von Briefen Thomas Manns sowie von Tonbändern und Schallplatten mit Lesungen des Schriftstellers, den Abguss der von Gustav Seitz geschaffenen Thomas-Mann-Büste, DDR-Ausgaben seiner Werke und ein Filmdokument von seinen zwei Besuchen in Weimar 1949 und 1955.

1987 kamen die ersten westlichen Besucher, und es wurde ein erstes, von einem Komitee organisiertes Herbstseminar im Geiste Thomas Manns durchgeführt. 1990, als West-Touristen offiziell Zugang zur Nehrung bekamen, wurde die Litauische Thomas-Mann-Gesellschaft gegründet.

Im September 1992, genau 60 Jahre nachdem Thomas Mann und die Seinen ihr Sommerhaus endgültig verlassen hatten, wurde es zum ersten Mal wieder von einem Familienmitglied aufgesucht – meinem damals 24-jährigen Sohn und Thomas Manns Urenkel Stefan. Er erinnert sich heute daran:

Das Bizarrste an meinem Kontakt zu Litauen war der Anfang im Sommer 1989. Als Student der Pflanzenproduktion an der Martin-Luther-Universität Halle wurde mir gesagt, ich solle mich bei Professor Dr. Uhle [Name geändert] melden, dem Lehrstuhlinhaber für Arbeitswirtschaft. Klein, glatzköpfig, mit braunem Anzug, eben wie man sich einen DDR-Professor für Arbeitswirtschaft vorstellt. Ich staunte nicht schlecht, dass Herr Uhle mich nur rief, um mir von seinem Besuch in Litauen zu erzählen, wo er auch das ehemalige Ferienhaus Thomas Manns besucht habe. Ich konnte zu diesem Thema, das mir gänzlich neu war, nicht viel zur Konversation beitragen. Auch nicht zu seiner Abschlussfrage: »Und, was wird bei euch so geredet?«

Bekanntlich wurde damals und in den darauffolgenden Monaten doch immerhin so viel geredet, dass Professor Uhle, wie viele andere auch, ein Jahr später schon »abgewickelt« wurde. Und ich dachte nicht mehr an Litauen und meinen Besuch bei Herrn Uhle, bis ich im Sommer 1991 eine Postkarte von ihm bekam. Er berichtete von einer ak-

tuellen Litauenreise, legte mir nahe, Kontakt mit dem Do-
zenten Herrn Dr. Alfredas Tytmonas aufzunehmen, da dieser sich sehr für die Nachkommen Thomas Manns inter-
essiere. Die Postkarte schloss mit dem verbitterten Satz:
»Die Menschen alle sehr freundlich und offen – anders als
hier.«

Erst jetzt begann ich über eine Litauenreise nachzuden-
ken und schrieb an Herrn Tytmonas, ob er mir eine (damals
noch notwendige) Einladung organisieren könne. Im Oktober 1991 kam eine begeisterte vierseitige Antwort, verbunden gleich mit Fragen, wie das Sommerhaus zu Zeiten Thomas Manns eingerichtet gewesen sei, und mit der zweima-
ligen Beteuerung: »Ich bin kein Germanist.«

Bei der Frage nach der Hauseinrichtung konnte ich Herrn
Tytmonas nicht weiterhelfen, machte mich aber nützlich,
indem ich für das Museum einen Brief von Mielein (Katia
Mann) spendierte. Und vor allem, indem ich ihm die Adressen anderer Familienmitglieder gab, mit denen Herr Tytmonas bald schon intensiv korrespondierte (er berichtete von
Golo und Medi).

Obwohl damals Briefe zwischen Ost und West noch oft
und gerne verloren gingen, organisierte Herr Tytmonas
mir doch erfolgreich eine Einladung der Universität Klaipėda für den September 1992. Und so trat ich die Reise auf
meine damals gewohnte Low-Budget-Art an: Zugfahrt
nach Frankfurt an der Oder, Wanderung über die polnische
Grenze, wo ich in den Oder-Auen von einem Grenzsoldaten gestoppt wurde (»Passport moshno?«). Am ersten polnischen Bahnhof erstand ich wieder eine Inlandsfahrkarte bis
an den ostpreußisch-russischen Grenzbahnhof, was leider
zur Folge hatte, dass mich der russische Nachtzug nicht mit-
nahm. Dort wurden polnische Fahrkarten nicht anerkannt,

wie mir der russische Schaffner schon an der Zugtür barsch mitteilte, und ich hatte zwei weitere Stunden auf den polnischen Nachtzug zu warten. Dann ging es mit Bussen über die litauische Grenze und schließlich nach Klaipėda, wo ich am Nachmittag ankam. Herr Tytmonas war nicht mehr in seinem Büro an der Universität, aber immerhin wies mir eine Sekretärin ein Wohnheimzimmer zu. Die Klobrille aus Sperrholz ist mir ebenso in Erinnerung wie ein sehr ungesunder Geruch im ganzen Haus. Am nächsten Tag hatte ich vor dem Treffen mit Herrn Tytmonas auch noch Gelegenheit zu einem Besuch in einer litauischen Kaufhalle. Es gab nicht viel, aber in unzähligen grünen Kisten, die sich etwas lieblos im Eingangsbereich stapelten, immerhin wohlschmeckenden Apfelsaft.

Nachdem mich Alfredas Tytmonas in Empfang genommen hatte, fragte ich mich manchmal, was wir zusammen für ein Bild abgeben mochten. Er war nicht nur doppelt so alt wie ich, sondern sicher auch doppelt so schwer. Aber er kümmerte sich gewissenhaft. Er zeigte mir die entscheidenden Orte im Kampf um die Unabhängigkeit von der Sowjetunion. Und er klagte über die mangelnde Wertschätzung der Protestanten im katholischen Litauen. Immer wieder beschrieb er auch sein Engagement für eine westlich ausgerichtete Politik gegenüber seinen Landsleuten: »Seid ihr Kirgisen oder seid ihr Europäer?«

Die Frage, inwieweit Litauen sich als Teil des kulturellen Europas fühlen dürfe, stand im Mittelpunkt eines Treffens mit Studenten von der Universität. Dabei ist bezeichnend, dass es eine Dolmetscherin brauchte, da die Studenten weder Deutsch noch Englisch verstanden. Ein weiteres prominentes Thema waren mögliche Restitutionsansprüche der Familie auf das enteignete Haus in Nidden. Was ich als abwegig bezeichnete und damit zur Beruhigung aller Beteiligten beitrug.

An die Überfahrt nach Nidden erinnere ich mich kaum noch, wohl aber an die Ankunft in dem schönen alten Holzhaus auf der Nehrung. Die Ausstellung bestand nur aus wenigen Bildern und Tafeln im Untergeschoss. Einige wenige deutsche Heimwehtouristen kamen vorbei, an Litauer kann ich mich nicht erinnern. Gegessen (Salat aus Gurken und Tomaten) und geschlafen haben wir im ersten Stock, der der Öffentlichkeit nicht zugänglich war. Ich war sehr beeindruckt von dem schmalen Landstreifen zwischen Meer und Bodden, von den ausgedehnten Dünen im Süden und der durchlässigen Grenze in die russische Exklave. Auch die Kiefernwälder auf der Nehrung haben einen bleibenden Eindruck hinterlassen.

Herr Tytmonas war froh über sein »bestes Ausstellungsstück«, wie er mich vor den Besuchern des Hauses nannte, gleichzeitig aber auch etwas enttäuscht, dass ich nicht mit dem finanziellen Füllhorn angereist war. Damals war die Spendenbereitschaft der Westeuropäer für den Osten noch sehr ausgeprägt, und Herr Tytmonas nannte mir bereits eine lange Liste von Gönnern, durch die das Thomas-Mann-Museum hatte errichtet werden können.

Die Rückreise verlief noch etwas abenteuerlicher als die Hinreise. Im Nachtbus von Klaipėda merkte ich erstmalig, wie unbeliebt man sich machen konnte, wenn man (als einzige gemeinsame Sprachgrundlage mit vielen Litauern) Russisch sprach. Der Nachtbus kam um drei Uhr in Kaunas an, ohne dass es von dort einen Anschluss an die Grenze gegeben hätte. Zum Glück kostete ja alles nichts, und so ließ ich mich mit einem Taxi an die polnische Grenze bringen. Da man diese nicht zu Fuß überqueren durfte, wurde ich in einen litauischen Schulbus gesetzt. Dort wurde ich, als ich angab, Russisch zu sprechen, während der Wartezeit in eine lange Konversation verwickelt, insbesondere über die litauische Politik. Der Busfahrer (womöglich ein abgewickelter Tschekist) und eine (womöglich früher regimetreue) Lehrerin erklärten mir unisono, dass das (kürzlich in den ersten freien Präsidentschaftswahlen von den Reformkommunisten überstimmte) ehemalige Staatsoberhaupt Landsbergis (jetzt Parlamentspräsident) vielleicht viel von Musik, sicher aber nichts von Politik verstehe. Ich war doch recht froh, als die Grenze nach zwei oder drei Stunden überquert war und ich mit Zügen weiterreisen konnte, bis ich am Nachmittag bei meiner Freundin im Harz ankam. Dort war gerade niemand zu Hause, aber ich war so müde, dass ich mich auf eine Wiese vor dem Haus legte und mich in angenehmer Septembersonne dem Schlaf ergab. Selten hatte mich eine Reise in diesem Maße erschöpft.

Drei Jahre später besuchte Elisabeth Mann Borgese zum ersten Mal seit dem Abschied im September 1932 das Ferienhaus ihrer Kindheit. Genau zu dieser Zeit wurde das Haus durch eine litauische Architektengruppe erneut restauriert, diesmal ganz anhand der erhaltenen Pläne und mit erheblicher finanzieller Unterstützung aus Deutschland. 1995 und 1996 wurde es offiziell sowohl ein ausschließlich vom litauischen Staat finanziertes Thomas-Mann-Museum als auch ein Thomas-Mann-Kulturzentrum, geleitet von einem internationalen Kuratorium und finanziert durch Drittmittel. Träger des Kulturzentrums sind das litauische Kultusministerium, die Universität Klaipėda und die Kommunalverwaltung der Nehrung. Weiterhin wird es unter anderem unterstützt von der litauischen Soros-Stiftung, der Stiftung »Litauische Bücher« der Thomas-

Mann-Gesellschaft, dem Dänischen Kulturinstitut und der Botschaft der Bundesrepublik Deutschland in Vilnius. Als ausländische Partner fungieren die Ostsee-Akademie in Travemünde, das eurobrasilianische Kulturzentrum *Casa Mann* (Zürich und Paraty/Brasilien), die Goethe-Institute in Vilnius und Riga sowie die Stuttgarter Robert-Bosch-Stiftung.

Längst ist das Haus mit seinen bisher weit über ein Dutzend großen Sommerfestivals, dem durchgehenden Seminarbetrieb und allen anderen völkerverbindenden Initiativen zu einer zukunftsgerichteten internationalen Begegnungsstätte geworden, zu einem Forum für viele Aktivitäten im Zeichen europäischen Denkens, einem Brückenkopf nach dem Westen, der sich bis hin zu Thomas Manns Mutterland Brasilien erstreckt.

In diesem Sinne dürfte der etwas melancholisch klingende Satz in Golo Manns *Erinnerungen und Gedanken* kennzeichnend sein für die von Licht und Schatten, von Fall und Wiederaufstieg und, wenn man so will, von Schuld und Sühne erfüllte Geschichte der Nehrung, Niddens und des Thomas-Mann-Hauses, und damit auch für die Familie Mann als solche: »In unseren Zeiten kann man nicht zurück, man wird, was man ehedem geliebt hat, nicht wiederfinden – weswegen man immer Neues suchen muß.«

Kurz vor der Ankunft am Abflugterminal des Flughafens Kansas City am 3. Oktober 2010 unter der inzwischen strahlenden Morgensonne möchte Professor Stern noch hören, wie ich mich denn während der häufigen Aufenthalte im ehemaligen Sommerhaus meiner Familie seit 1997 bei der ständigen »Heimsuchung« durch fremde Besuchermassen gefühlt hätte. Ich erzähle ihm daraufhin zwei anekdotische Episoden von meinen ersten Aufenthalten in Nidden, die ich beide inkognito erlebt habe.

Das eine Mal saß ich im Juli bei schönstem Sonnenwetter und unter rauschenden Wipfeln allein auf der Terrasse und schrieb gerade etwas auf. Da fiel plötzlich eine laut schwatzende deutsche Touristengruppe, ehe ich mich's versah, wie Heuschrecken auf die kleine Terrasse ein und besetzte sie in wenigen Augenblicken bis an den Rand. Bald fühlte ich mich auf meinem Stuhl wie auf einer umbrandeten Insel, von der es kein Entkommen mehr gab. »Die Katia Mann soll ja eine sehr starke Frau gewesen sein«, hörte ich aus bedrängender Nähe eine grau gelockte Dame in scharfem Norddeutsch sagen. »Und unter ihrem Mann hat es wohl nicht viel zu lachen gegeben, nach dem mussten sich alle richten«, schrie sie mir fast ins Ohr. »Ja, ja«, pflichtete ein etwa gleichaltriger Besucher ihr bei, mit glücklicherweise nicht ganz so lauter, da etwas heiserer Stimme. »Das Zusammenleben mit einem solchen Geistesriesen verlangt eben seinen Tribut. Thomas Mann hat doch hier den *Tod in Venedig* geschrieben, nicht wahr, wegen des Italienblicks?« – »Nein, nein, da verwechselst du was«, entgegnete sie ungeduldig. »Nicht den *Tod in Venedig*, sondern … ach … wie heißt er bloß, der Roman …«< – »Ach ja, ich weiß schon …«, sprang er wieder ein. »*Unordnung und frühes Leid* war das …« – »Nein, das war es auch nicht, sondern … dass mir das jetzt zum Kuckuck nicht einfällt … Weißt du, was Thomas Mann damals hier geschrieben hat?«, fragte sie jetzt einen Dritten. Aber dann redete wieder der Zweite dazwischen und schwafelte etwas von den beiden Hauptfiguren in *Unordnung und frühes Leid*, den Kindern Lorchen und Beißer. Ausgerechnet Beißer, der schwierige, jähzornige kleine Junge, für den mein Vater Michael als Vorlage gedient hatte. Jetzt hielt ich es nicht mehr aus; ich unternahm alle Anstrengungen, mich aus meiner beklemmenden Lage zu befreien. Endlich gelang es mir, mich geräuschvoll von meinem Stuhl zu erheben, mich zwischen den Besuchern hindurchzuwinden und panikartig die Flucht zu ergreifen.

Das andere Mal ging ich von der Autozufahrt aus auf das Haus zu. Als ich das Grundstück betrat, entdeckte ich in Hausnähe erneut eine Besuchergruppe, diesmal mit einer etwas älteren Fremdenführerin, die in starkem osteuropäischem Akzent auf Deutsch ihre Erläuterungen abgab. Genau in dem Augenblick, da ich die Gruppe überholte, hörte ich die Dame, die immer noch zumindest so tat, als würde sie mich nicht sehen, sagen: »Und auch der Enkel ist jetzt hier ... und er hat gesagt, er ist säährr zufrieden ...« Sie schaute auch weiterhin konsequent an mir vorbei, so wie alle anderen aus der Gruppe ebenfalls. Und ich war froh und erleichtert, sie unbehelligt überholen und wenige Augenblicke später im Haus verschwinden zu können.

Zuletzt fragt mich Guy Stern nach den gegenwärtigen Besitzverhältnissen; ob denn das im vergangenen Jahrhundert zwei Mal – erst durch die Nationalsozialisten, dann durch die sowjetischen Machthaber – enteignete Sommerhaus inzwischen meiner Familie zurückerstattet worden sei? Ich antworte ihm, dass ich nicht mehr wisse, was da genau abgelaufen sei, mich jedoch schwach daran erinnerte, dass mein Onkel Golo als Nachlassverwalter und Sprecher der Familie in den frühen Neunzigerjahren mit unserem – vielleicht sogar schriftlichen – Einverständnis auf eine Rückübertragung des Hauses durch die litauische Regierung an die Erben des enteigneten Besitzers verzichtet habe.

»Ist denn diese großzügige Freigabe an den litauischen Staat wenigstens auf einer Gedenktafel am Haus festgehalten worden?«, will Guy Stern noch wissen, bevor der Wagen anhält und er sich von mir verabschiedet.

Die »Blaue Brücke«

Gottes ist der Orient!
Gottes ist der Okzident!
Nord- und südliches Gelände
Ruht im Frieden seiner Hände.

Johann Wolfgang Goethe,
West-östlicher Divan

Die Luft ist tropisch feucht, der für den Autoverkehr gesperrte Fußweg holprig. An einem brasilianischen Frühlingsabend Ende Oktober 1997 bin ich zusammen mit den aus Litauen eingeflogenen Damen Jonušiene und Kibelka unterwegs zur *Bar Coupé* in der Innenstadt von Paraty. Wir kommen von der *Casa de Cultura* in der historischen Altstadt, wo die beiden Tagungsgäste in einem Raum der Julia-Mann-Ausstellung das Niddener Thomas-Mann-Kulturzentrum vorgestellt haben.

Schon vorher bestehende Verbindungen hatten den Weg für die Einreise und den Aufenthalt der beiden von *Casa Mann* nach Brasilien eingeladenen Referentinnen geebnet. Eine Tante von Vitalija Jonušiene, die im Krieg als junges Mädchen über den deutschen Arbeitsdienst aus Litauen nach Deutschland und dann über Österreich nach Brasilien verschickt worden war, lebte seitdem in São Paulo. Ihr Sohn, derzeit litauischer Honorarkonsul, hatte den beiden Reisenden Visa beschafft, und Tante und Vetter hatten sie vor ihrer Weiterfahrt von São Paulo nach Paraty ein paar Tage lang bei sich beherbergt. Beim heutigen Abendvortrag hat Vitalijas Tante als Dolmetscherin fungiert.

Während wir im Halbdunkeln auf dem Weg zur Bar von einem Buckelpflasterstein zum anderen stolpern, ziehen wir Bilanz und konstatieren erfreut, wie ermutigend uns das Interesse der brasilianischen Zuhörer an der Schwesterinstitution in Osteuropa vorgekommen ist. Wir sehen uns in unserer Hoffnung bestärkt, dass die Niddener Institution ein Vorbild sein könnte für das hiesige, nach Julia Mann benannte euro-brasilianische Kulturzentrum, das in der *Fazenda de Boa Vista*, Julia Manns Elternhaus, eingerichtet werden soll. Der heutige Vortrag war Teil des zehntägigen Julia-Mann-Festivals, mit welchem das geplante Zentrum symbolisch eröffnet wurde. Jetzt gehen wir der Frage nach, wie der heute realisierte Erstkontakt zwischen den beiden geografisch so weit auseinanderliegenden Zentren vertieft werden könnte.

Am Hauptplatz mit der größten Kirche *Igreja da Matriz*, Julia da Silva-Bruhns-Manns Taufkirche, angelangt, tauchen die Lichter der *Bar Coupé* hinter deren beiden türlosen Eingängen auf. Die Bar ist, wie immer zu dieser vorgerückten Stunde, sehr gut besucht; es geht laut und turbulent zu. Als wir eintreten, erblicken wir in dem kleinen, sehr schlicht eingerichteten Raum als Erstes das an einer Wand hängende, fast mannshohe bunte Filmplakat mit Marcello Mastroianni und Sonia Braga in der berühmten, 1983 hier in Paraty gedrehten Verfilmung von Jorge Amados Roman *Gabriela, wie Zimt und Nelken*. Wir quetschen uns an den voll besetzten Tischen vorbei in eine Ecke, wo gerade ein paar Plätze frei geworden sind, und bestellen gleich drei Caipirinha, die ich, nach Erprobung hier seit Jahren, den beiden anderen überaus empfehle. Denn der in den Destillerien um Paraty gebrannte, äußerst hochprozentige

Zuckerrohrschnaps Cachaça genießt seit Jahrhunderten einen besonderen Ruf und wird bei der Zubereitung mit Limetten, Zucker und zerstoßenem Eis hier sehr großzügig ausgeschenkt.

Gut gelaunt und angeregt setzen wir unsere Gedanken über einen Kulturaustausch zwischen Paraty und Nidden fort. Irgendwann kommt die Idee auf, direkt im Anschluss an das Thomas-Mann-Festival in Nidden im Juli nächsten Jahres ein mehrtägiges Kulturprogramm mit brasilianischer Musik, Literatur und Kunst auszurichten. Dafür sollen von hier einige der uns bekannten, womöglich am jetzigen Julia-Mann-Festival mitwirkenden Künstler eingeladen werden. Dies wird allerdings nur möglich sein, wenn die Schweizer Vereinigung *Casa Mann* für die Reisekosten und ein bescheidenes Künstlerhonorar aufkommt und dafür das Niddener Thomas-Mann-Kulturzentrum die Hotelspesen übernimmt. In zunehmend euphorischer Stimmung spinnen wir die Idee weiter aus, wohl wissend, dass wir unser Vorhaben als Nächstes getrennt mit den beiden dafür zuständigen Entscheidungsgremien durchsprechen müssen.

Ende Februar herrscht an der litauischen Ostseeküste noch tiefer Winter. Bei unserem brasilianischen Umtrunk im Oktober haben Vitalija Jonušiene, Ruth Kibelka und ich vereinbart, uns einige Monate vor den für Juli geplanten Brasilianischen Kulturtagen in Nidden zur Vorbereitung zu treffen.

Wie schon bei meinem ersten Besuch auf der Nehrung werde ich mit dem Auto am Flughafen Palanga abgeholt, und wir setzen von Klaipėda auf die Nehrung über, diesmal mit der kleinen, nur im Winter auch Autos transportierenden Personenfähre. Nach Berichten über die Eisdecke auf dem Haff war ich auf den Anblick eines regen Verkehrs von Motorschlitten oder gar Autos zwischen der Nehrung und dem Festland eingestellt.

Doch das Haff ist nicht nur an dieser in Meeresnähe offenen Stelle für Schiffe befahrbar. Ungewöhnlicherweise war es während dieses ganzen Winters nirgends zugefroren. Trotzdem weht auch jetzt wie bei der Ankunft in Palanga ein mir durch Mark und Bein gehender, scharfer und kalter Wind. Während der Fahrt durch Klaipėda hat Ruth Kibelka auf das Krankenhaus gedeutet, wo sie in den Wintermonaten den inzwischen schwerkranken ehemaligen Kurator des Thomas-Mann-Hauses, Alfredas Tytmonas, regelmäßig besucht hatte.

Auf dem offenen Land der Nehrung herrscht ein noch kälterer Winter als auf dem Festland, wenngleich ebenfalls völlig schneefrei. Ohne das reflektierende Weiß des Schnees ist das Licht der nur schwach zwischen den Wolken hervorscheinenden Sonne seltsam dunkel und verleiht der Landschaft eine lila Tönung. Nicht nur die Wasseroberfläche des Haffs wirkt selbst auf dessen sonnenbeschienenen Flecken starr, fast wie gefroren. Auch die spirrelig dünne Vegetation auf dem Erdboden sieht so aus, als würde sie sich gegen die Kälte sträuben, und die Wolken am Himmel scheinen sich in dichten Zusammenballungen gegen die eisigen Temperaturen eingeigelt zu haben.

Der Ort Nidden ist wie ausgestorben. Alle Cafés und Restaurants sind geschlossen. Nur ein kleiner, privat aussehender Familiengasthausbetrieb in einer der aus lauter alten Fischerhäusern bestehenden Zeile des Ortes hat auf Bestellung meiner beiden Gastgeberinnen ein kleines, aber sehr sättigendes Fischgericht für uns zubereitet. Trotz des einigermaßen warmen Essens merke ich beim Verlassen der Gaststube, wie chronisch unterkühlt ich mich schon seit der Landung in Palanga fühle. Man bringt mich rasch zu meinem Nachtquartier, auch ein privates, weil alle Hotels geschlossen sind. Obwohl das Zimmer offenbar rechtzeitig vor meiner Ankunft geheizt wurde, flüchte ich sofort ins Badezimmer unter die heiße Dusche. Zurück im Schlafzimmer, kommt mir dieses immer noch eiskalt vor, und ich verkrieche mich unter sämtlichen irgendwie auffindbaren Decken zitternd in mein Bett. Selbst dort dauert es lange, bis ich mich notdürftig gewärmt fühle und einschlafe.

Am nächsten Morgen treffe ich mich mit meinen beiden Gastgeberinnen im Thomas-Mann-Haus. In der winterlichen Stille wirkt es unheimlich leer, und es hallt stark in den Zimmern. Es ist jetzt ein anderes Haus als das der Mann-Familie, die es ausschließlich im Sommer bewohnte. In der winterlichen Stimmung malen wir drei uns gleich zu Beginn unseres Treffens eine Weihnacht bei Thomas Mann an diesem Ort aus, ja, es wird von der Hausleitung sogar erwogen, hier einmal ein solches Fest zu inszenieren.

Dann beginnen wir oben im Sekretariat, inmitten der winterlichen Kälte, mit der detaillierten Planung der Brasilianischen Kulturtage im kommenden Juli. An der Wand hängt immer noch, mit Reißzwecken befestigt, die von mir im vergangenen Sommer mitgebrachte farbige Abbildung von Julia Manns Elternhaus zwischen Palmen und Pfeffersträuchern am Ufer der tropischen Bucht von Paraty, von dem sich die beiden Damen inzwischen am Ort selbst einen Eindruck haben verschaffen können.

Im Gespräch führen wir uns nochmals vor Augen, dass ein gemeinsames Merkmal der geografisch so weit voneinander entfernten Orte Nidden und Paraty die Farbe Blau ist. In Brasilien ist sie eine Grundfarbe, sichtbar vor allem in den charakteristischen *azulejos*, Mosaiken aus quadratischen, blau bemalten Keramikfliesen aus Portugal, die in ganz Brasilien an öffentlichen Monumenten und Gebäuden, Kirchen, Hausfassaden oder Innenwänden zu Wandbildern zusammengefügt werden. In Nidden hingegen ist Blau die Naturfarbe bestimmter weitverbreiteter Algen, mit der die Boote und besonders die Fensterläden der alten Fischerhäuser angestrichen sind. Schnell steht für uns fest: Die Brasilianischen Kulturtage in Nidden werden den Namen »Blaue Brücke« tragen.

Für heute Nachmittag ist ein Besuch des deutschen Botschafters aus Vilnius zusammen mit dem dortigen Kulturattaché angesagt, weil die beiden Herren mit der Leitung des Thomas-Mann-Hauses die Einzelheiten der Eröffnung des nächsten Thomas-Mann-Musikfestivals durch Außenminister Klaus Kinkel besprechen möchten. Irgendwann klopft es ans Fenster, und die Herren Röpke und Schneider, beide mit demselben Vornamen Karsten und beide in den gleichen grünen Anzug gekleidet, treten ein.

Nach der Besprechung des Musikfestivals nehmen die beiden aufmerksam und wohlwollend auch das vorläufige Programm der »Blauen Brücke« zur Kenntnis. Sie scheinen von den ihnen bisher kaum bekannten interkulturellen Dimensionen, die mit der Familie Mann verbunden sind, sehr angetan zu sein und bekunden die Bereitschaft der deutschen Botschaft, das bevorstehende exotische Ereignis im ehemaligen Sommerhaus des Nobelpreisträgers zu unterstützen.

Da uns mindestens so sehr auch an der Unterstützung durch die kommunalen Behörden der Nehrung gelegen ist, nehmen wir am folgenden Vormittag, kurz vor meiner Rückreise nach Deutschland, den letzten hier vereinbarten Termin beim Kulturreferenten des in Nidden gelegenen Rathauses wahr.

Heute herrscht besonders kaltes und graues Wetter. Das in der Fußgängerzone des Einkaufs- und Touristenzentrums und unweit vom Hafen gelegene Rathaus ist ein unförmiger roter Backsteinkoloss aus der Zeit vor der politischen Wende.

Jetzt im Winter sieht das Gebäude noch düsterer und weniger einladend aus als sonst. Im Inneren des Hauses gehen wir durch lange, dunkle Gänge. Endlich an der richtigen Tür angelangt, werden wir von dem zuständigen Herrn empfangen und in sein kahles und mit Spanplattenmöbeln ausgestattetes Dienstzimmer geführt, das kaum stärker geheizt ist als der eisige Korridor. Unser Gesprächspartner wirkt so, als wollte er sich nicht nur mit seiner mehrschichtigen dunklen Winterbekleidung und seinem starren Gesicht hinter einer dicken Brille, sondern auch mit energiesparender Wortkargheit gegen die hier überall nistende Kälte schützen. Er unterhält sich ausschließlich in der Landessprache mit meinen beiden Gastgeberinnen und wirft mir nur gelegentlich kurze, musternde Blicke zu. Als wir nach dem recht kurzen und bis zum Schluss förmlich gebliebenen Gespräch das Rathaus wieder verlassen, bleibt mir ziemlich unklar, was wir vom Kulturreferat der Nehrung an Unterstützung erwarten dürfen. Mir scheint, dass die von uns aufgesuchte Amtsperson mit dem geplanten Ereignis mit von weit her angereisten Gästen nicht sonderlich viel anfangen kann.

Am frühen Nachmittag verlassen wir Nidden und fahren bis zum nördlichen Ende der Nehrung, von wo aus wir wieder nach Klaipėda übersetzen. Dort übernachte ich in einem Hotel; meine Maschine nach Hamburg startet am nächsten Tag schon um acht Uhr früh von Palanga.

Nur wenige Monate später, am 27. Juli 1998 mittags, findet in dem Betongebäude des Niddener Kulturzentrums in der Ortsmitte die Eröffnung der Brasilianischen Kulturtage statt. Sie beginnt mit der Vernissage der im vergangenen Jahr in Paraty zum ersten Mal gezeigten Ausstellung über das Leben Julia Manns zwischen Brasilien und Deutschland. Der Bürgermeister der Nehrung und seine Stellvertreterin, Vitalija Jonušiene und Ruth Kibelka mit ihren Mitarbeitern, die neun brasilianischen Gäste mit ihrer Dolmetscherin aus Vilnius, gefolgt von einigen Kindern aus einer Sommerferienkolonie auf dem »Schwiegermutterberg«, und einige weitere Besucher begeben sich in den Ausstellungsraum. Vor dessen Eingang ist ihnen allen ein dreisprachiger Prospekt mit der litauischen, deutschen und portugiesischen Überschrift: *Melynasis tiltas / Blaue Brücke / Ponte Azul* und dem Gesamtprogramm ausgehändigt worden.

Der Raum ist sehr groß, unpersönlich schmucklos und ziemlich düster – noch aus der sozialistischen Zeit. Als Erstes suchen meine Blicke die Bilder der Ausstellung, die vor einem Dreivierteljahr in Paraty gezeigt worden sind. Von den insgesamt 40 Exponaten können hier aus transporttechnischen Gründen nur 26 präsentiert werden. Sie sind mir trotz des vollkommen andersartigen Ortes schon beim ersten flüchtigen Hinschauen sehr vertraut. Noch ist jedoch die Ausstellung nicht eröffnet. Die Blicke der eintretenden Besucher werden rasch abgelenkt durch einen imposanten, bunten Aufbau in der Mitte des Raumes – ein Gemeinschaftswerk der anwesenden Kinder. Auf dem Boden ist mit dunkelblauem Papier über mehrere Meter ein Ozean dargestellt. An dessen entgegengesetzten Enden liegen, aus gelben und grünen Papierkügelchen zusammengesetzt, der südamerikanische und der europäische Kontinent. Dazwischen befinden sich etwa ein Dutzend eng aneinandergereihte, kleine weiße Segelschiffchen auf der Überfahrt von Brasilien schräg nach oben in Richtung Europa. Über die ganze Landkarte wölbt sich baldachinartig fast bis zur Decke ein breites Band aus dunkelblauem Krepp-Papier. Es ist die Blaue Brücke, wie die Kinder stolz den ihr Wunderwerk neugierig umringenden Erwachsenen erklären.

Als Nächstes werden einige Ansprachen gehalten. Der Bürgermeister und dann die Damen des Thomas-Mann-Hauses sprechen auf Litauisch, die Dolmetscherin aus Vilnius übersetzt ins Portugiesische. Die deutschsprachigen Begrüßungsworte von Katrin Bedenig aus dem Züricher Thomas-Mann-Archiv und die meinigen im Namen der Vereinigung *Casa Mann* übersetzt Ruth Kibelka ins Litauische, und die Dolmetscherin der Brasilianer raunt diesen wiederum simultan die portugiesische Version zu. Ich erläutere kurz die brasilianische Entstehungsgeschichte der heute eröffneten Ausstellung und verweise auf die nächsten geplanten Stationen derselben in Südamerika und Europa.

Danach stellen sich die brasilianischen Gäste der Reihe nach vor. Sie sind alle schon gestern Mittag angereist, da sie zur Einstimmung auf die kommenden fünf Tage zur abendlichen Abschlussveranstaltung des vorangegangenen Thomas-Mann-Musikfestivals eingeladen worden waren. Weil die Aufführung von Haydns *Schöpfung* am Fuß der Parnidener Düne bei ungewöhnlich niedrigen Temperaturen stattfand, hatten für die an tropische Verhältnisse gewöhnten Brasilianer in Windeseile neun Pullover organisiert werden müssen. Fünf von ihnen sind aus dem südostbrasilianischen Belo Horizonte angereist – sie bilden die bereits morgen Abend im Theatersaal des Kulturzentrums mit brasilianischer Volksmusik auftretende Musikgruppe. In deren Mittelpunkt steht die junge Sängerin Titane, begleitet von zwei Gitarristen und einem afrobrasilianischen Schlagzeuger. Titanes Mann führt die Regie der Musikshow. Des Weiteren ist der Schriftsteller João Silvério Trevisan aus São Paulo zusammen mit einer Begleiterin da. Er wird an einem der Abende im Thomas-Mann-Haus aus seinem Roman *Ana em Veneza (Ana in Venedig)* lesen, der von Julia Manns afrobrasilianischer Amme Ana handelt und kürzlich auch ins Deutsche übersetzt wurde. Heute Nachmittag wird im Foyer des Kulturzentrums jemand aus Paraty über das Kulturerbe und die Denkmalpflege in seiner Heimatstadt sprechen. Und nicht zuletzt sind alle neugierig auf die Abdrucke nordostbrasilianischer Holzschnittkunst, die ein aus Fortaleza angereister junger Künstler im Thomas-Mann-Haus vorstellen wird.

Nach und nach verteilen sich die Anwesenden über den Raum und wenden sich den Exponaten der Julia-Mann-Ausstellung zu. Damit ist die »Blaue Brücke« eröffnet.

Die Musikshow am nächsten Abend wird ein voller Erfolg. In leuchtend rotem Kostüm fegt Titane, mit klangvollem und zartem Timbre ihre lyrischen wie dramatisch bewegten Songs in das Handmikrofon hauchend und von den drei Instrumentalbegleitern angefeuert, vor einem gut besetzten Auditorium über die Bühne. Sie begeistert das Publikum mit ihrem exotisch mitreißenden und für die hiesigen Breiten ungewohnten Temperament. Zwischendurch greift sie nach einem Tamboril und begleitet darauf sich selbst. Nach etwa einer Stunde folgt eine Pause.

Die Musiker sind glücklich über den reibungslosen Ablauf. Dass das litauische Publikum nicht wie dasjenige zu Hause mit ständigem Klatschen, Pfeifen und Lachen interveniert hat, scheint sie nicht weiter verunsichert zu haben. Den hiesigen Zuhörern steht trotzdem einhellige Begeisterung über dieses neuartige Programm aus einer fernen Kultur ins Gesicht geschrieben.

Als ich die vier Musiker und ihren Regisseur aufsuche, werde ich Zeuge einer ergreifenden Szene. Vor Titanes Mann steht, heute Abend in eine überraschend papageienbunte, weit herabfallende Bluse gekleidet, die Dolmetscherin Olga aus Vilnius und schluchzt herzzerreißend. Titanes Mann hält sie an den Schultern fest und bemüht sich, tröstend auf sie einzureden, während die anderen sie umringen. Olgas unter Tränen gestammelten Worten entnehme ich, dass sie als Kind von nach Brasilien ausgewanderten Litauern zu Kriegsende in São Paulo geboren wurde und dort aufwuchs, bis die Eltern Anfang der Fünfzigerjahre wegen ihres übergroßen Heimwehs ihre Zelte abbrachen und zusammen mit der Tochter in die frühere Heimatstadt Vilnius zurückkehrten. Die gewaltsame Verpflanzung aus ihrer sonnigen Kinderwelt in die litauische Sowjetrepublik noch während der Stalin-Zeit war für die damals Neunjährige ein Schock, von dem sie sich während der folgenden Jahrzehnte nur oberflächlich erholte. Schon als Olga vorgestern bei ihrer ersten Begegnung mit der Gruppe der Brasilianer erstmals nach über vierzig Jahren Menschen die Sprache ihrer Kindheit sprechen hörte, brach sie in Tränen aus. Durch die heute Abend aufgeführte, ihr offenbar noch urvertraute Folkloremusik lebten die tief vergrabenen Erinnerungen und der Schmerz über den Verlust ihrer Heimat heftig auf.

Ich stehe hilflos und betroffen neben dieser Szene. Unweigerlich muss ich an das verblüffend ähnliche Schicksal meiner brasilianischen Urgroßmutter Julia denken, der die Brasilianischen Kulturtage letztlich gewidmet sind. Sieben Jahre war sie alt, als ihr Vater mit ihr und den vier Geschwistern von Brasilien nach Lübeck ging; sie sah das Land ihrer Kindheit nie wieder. Was für eine eigenartige Fügung. Im Übrigen erfahre ich in den nächsten Tagen, dass Olga weder Portugiesisch noch Litauisch wie eine Muttersprache spreche.

Ich bin froh, als die Konzertpause beendet ist und Titane und ihre Begleiter unter der exzellenten Regie ihres Mannes den unvergesslich bleibenden Musikabend fortsetzen.

Im Thomas-Mann-Haus findet an einem der folgenden Tage die Vernissage der Ausstellung »Nordostbrasilianische Volkskunst« statt. Der aus Fortaleza stammende Künstler hat aus seinem Atelier Abdrucke seiner Holzschnitte mitgebracht, die nach brasilianischer Tradition an einer aufgespannten Schnur mit Wäscheklammern dicht nebeneinander aufgehängt werden. Die meist kleinformatigen Bilder tragen den Namen *literatura de cordel* (»Literatur an der Schnur«). Darauf sind nach afrikanischer Erzähltradition, die einst durch die Sklaverei nach Brasilien kam, sowie unter dem Einfluss europäischer Einwanderer einheimische Legenden in Bildform dargestellt: volkstümliche Geschehnisse, historische Ereignisse, Liebesszenen, Verbrechen, das Leben von Heiligen, Schriftstellern, Politikern oder regional bedeutsamen Persönlichkeiten.

Ich habe mich etwa eine halbe Stunde vor der Ausstellungseröffnung im Haus eingefunden, um die Kunstdrucke in Ruhe besichtigen zu können. Als ich den Tagungsraum im Erdgeschoss betrete, ist dieser kaum wiederzuerkennen. Unter der Decke hängen kreuz und quer Schnüre mit einem Papierblätterwald voller exotischer Bildmotive. Ich frage mich unwillkürlich, was Thomas Mann und die Seinen wohl dazu gesagt hätten. Da die Exponate bis zum Ende der Brasilianischen Kulturtage auch während der regulären Öffnungszeiten des Museums hier bleiben sollen, werden die zu erwartenden ahnungslosen, meist deutschen Besucher gleich beim Eingang mit einer großlettrigen Inschrift »vorgewarnt«. Dort steht, dass im Rahmen der Brasilianischen Kulturtage eine Ausstellung mit Kunstdrucken aus dem Geburtsland von Thomas Manns Mutter gezeigt werde. Wie ich nachträglich erfahre, scheint diese Hinweistafel ihre Berechtigung gehabt zu haben. Eine ganze Reihe deutscher Besucher soll ein ziemliches Maß an Irritation, ja Missfallen angesichts des exotischen Spuks im memelländischen Sommerhaus des »Großen Deutschen« bekundet haben und musste mit zusätzlichen Erklärungen beschwichtigt werden.

Nachdem ich Gelegenheit hatte, einen ersten Blick auf die Bilder zu werfen, ist bald die vollzählige Mitarbeiterschaft des Hauses zusammen mit allen Brasilianern versammelt. Anstelle einer öffentlichen Ansprache erläutert der Holzschnittkünstler uns Zuschauern beim Gang durch die Ausstellung im Einzelnen seine Werke. Ergänzend hängen an den Wänden einige Aquarellbilder von Malern aus Paraty.

Mit einem Glas Wein lassen wir den Abend ausklingen. Wir sind jetzt etwa in der Mitte der »Blauen Brücke« angelangt.

Paraty, Julia-Mann-Festival 1997, im kleinen Zuschauerraum des Marionettentheaters *Teatro Espaço* am Rand der historischen Altstadt. Der Schweizer Filmemacher Peter von Gunten zeigt die portugiesische Version seines 1986 in Recife gedrehten Films *Vozes da alma (Stimmen der Seele)*, eine Dokumentation brasilianischer Spiritualität und ihrer afrikanischen Wurzeln. Mit einem vom Tourismusbüro in Paraty handverlesenen Publikum ist das Theater wegen seiner begrenzten Kapazität bis auf den letzten Platz besetzt. Auch die beiden Niddener Gäste sind dabei, zusammen mit Vitalija Jonušienes litauischer Tante aus São Paulo.

Nach der Verdunkelung beginnt der Film. Er erzählt, aus dem Blickwinkel eines europäischen Cineasten, die Geschichte der *Mãe* (Mutter) *Gil*, der Priesterin und Heilerin einer auf dem nordostbrasilianischen armen und kargen Land im Staat Pernambuco lebenden afrobrasilianischen Religionsgemeinschaft, deren Verbindung aus katholischem und afrikanischem Glauben ihren Alltag und ihre sozialen Beziehungen untereinander ordnet. Die Kamera fängt ohne Kommentare oder befragendes Eingreifen das Leben der in ärmlichen Strohbehausungen mit roh gezimmerter Einrichtung wohnenden Menschen ein: bei der Einnahme ihrer frugalen Mahlzeiten, bei der Arbeit, bei ihren religiösen Festen, den Heilungsmaßnahmen und spirituellen Beratungen von Mutter Gil sowie beim Einsammeln von Holz und Baumstämmen für den nächtlichen Bau eines *terreiro*, einer afrobrasilianischen Kultstätte, mit dem symbolkräftigen Aufsetzen des Dachs noch vor Morgengrauen.

Als nach dem Ende des Films das Licht wieder angeht, blicke ich neugierig zu den beiden Damen aus Nidden. Aus ihren Gesichtern spricht wohlwollendes Interesse. Anders verhält es sich mit Vitalija Jonušienes älterer Tante aus São Paulo. Ihre hellblauen Augen in dem blasshäutigen Gesicht blitzen vor Missfallen. Ich sehe, wie sie sich mit strengem Blick an ihre Nichte wendet und ihr etwas ins Ohr raunt. Nach meiner ersten Vermutung hat die aus Osteuropa stammende Katholikin an der heidnischen Färbung des afrobrasilianischen Kultes Anstoß genommen, obwohl sie schon lange in Brasilien lebt.

Als wir das Theater verlassen, erfahre ich den wahren Grund ihres Unmutes. »Es ist wirklich ungehörig, einem kulturell so gehobenen Filmpublikum wie dem unsrigen so viel Armut und Elend in unserem Land zuzumuten«, soll sie indigniert geäußert haben.

Mir wird sofort klar, dass dieses Urteil keineswegs mit irgendeiner osteuropäisch-baltischen Mentalität zu erklären ist. Die Tendenz, die unschönen und nicht vorzeigbaren Seiten von Brasilien systematisch zu ignorieren, ja totzuschweigen, habe ich schon häufig bei Mitgliedern der brasilianischen Oberschicht angetroffen. Und ich weiß, dass die afrikanischen Anteile des religiösen Kultes ärmerer Bevölkerungsschichten den Brasilianern allgemein fremd und unheimlich sind.

Ein Abendessen im Restaurant *Seklyčia* (»Saatkammer«), einem kleinen Holzhaus mit Blick auf die Parniddener Düne, während der Brasilianischen Kulturtage 1998. Die Besitzerin des am Haff gelegenen rustikalen Etablissements, die derzeit auch die stellvertretende Bürgermeisterin der Nehrung ist, hat den brasilianischen Gästen für sämtliche Abende einen Freitisch gewährt, unter der Bedingung mindestens einer künstlerischen Sonderdarbietung im Restaurant. Heute ist einer der letzten Abende. Bisher haben die Geladenen ihre Extrashow immer wieder aufgeschoben. Das liegt nicht nur daran, dass sie etwas ratlos und vielleicht auch unwillig sind, zu entscheiden, wie und wann sie sie ableisten wollen. Sie artikulieren auch jeden Abend ziemlich unverhohlen ihre Unzufriedenheit mit den auffallend kleinen Portionen der recht eintönigen und wenig schmackhaft zubereiteten Standardgerichte für alle.

Heute scheint der Tiefpunkt der Essensqualität erreicht zu sein. Auf dem kollektiven Speisezettel stehen die sogenannten *Zeppelinas*, ein litauisches Nationalgericht, inzwischen auch gern als touristisches Fast Food serviert. Es sind mit Speck gefüllte Kartoffelklöße in einer Soße aus ausgelassenem Fett, Grieben und ein paar Zwiebeln. Obwohl alle am Tisch von den letzten Abendmahlzeiten offensichtlich nicht satt geworden sind, blicken sie nach dem Auftragen der Speise etwas angewidert auf die weißlichen, länglichen Fettklöße auf ihrem Teller, stochern darin herum und lassen sie dann stehen.

»Ich verstehe überhaupt nicht, warum die Leute hier so arm sind, dass sie so wenig zu essen haben, wenn doch ihre Häuser alle derart fest gebaut sind und ihre Autos und Supermärkte so elegant und reich wirken«, äußert irgendwann der Holzschnittkünstler aus Fortaleza.

Ich versuche ihm zu erklären, dass in den etwas ärmeren

nordosteuropäischen Ländern besonders für den Winter gut
gerüstete Häuser wichtiger seien als das Essen, vor allem im
Vergleich zum Nahrungsüberfluss in Brasilien, der sich in den
meist riesigen Portionen in den dortigen Restaurants bemerk-
bar macht.

Ungeachtet der fortgesetzten Enttäuschung über das Essen
wird auch heute wieder viel gelacht und gealbert, und gelegentlich fällt auch ein dezenter Witz über die hiesige Bewir-
tung. Als Titane plötzlich aufsteht und mit theatralischer Ges-
tik ein paar Takte eines ihrer Songs über den Tisch schmettert,
ist mir – und vielleicht auch dem Restaurantpersonal – nicht
ganz klar, ob dies vielleicht ein angedeuteter erster Anlauf für
die vereinbarten Extradarbietungen sein soll.

Irgendwann kommt die Kellnerin, um den Tisch abzuräumen. Erstaunt blickt sie auf die kaum angerührten Speisen und
trägt dann die Teller mit sichtlich befremdeter Miene weg.

Ich muss daran denken, wie beim heutigen Hotelfrühstücks-
buffet ein Brasilianer etwas skeptisch auf die Quarkschnitte
mit Gelatinestückchen auf dem Teller des Schriftstellers João
Silvério Trevisan zeigte und sich bei ihm nach deren Essbar-
keit erkundigte.

»Ach, man stirbt nicht davon«, war João Silvérios lakoni-
sche Antwort.

Den Höhepunkt und Abschluss dieses außerordentlichen Festivals in Nidden bildet eine erneute Musikshow der Gruppe
um Titane, diesmal im Thomas-Mann-Haus. Die räumlichen
Verhältnisse sind nicht vergleichbar mit der Bühne des Kulturzentrums unten im Ort. Aber die Präsenz der *música popu-
lar brasileira* gerade hier ist ein besonderes Ereignis, nicht nur
für das Publikum, sondern auch für das Ensemble. Die Vor-
führung findet statt auf der zur Terrasse hin geöffneten, klei-

nen Veranda, welche durch den an die Rückwand geschobenen Konzertflügel zusätzlich beengt wird.

Das Publikum auf der voll besetzten Terrasse draußen und im auf der anderen Seite an die Veranda angrenzenden Raum wartet gespannt auf den Auftritt der brasilianischen Gäste. An den Wänden überall im Haus sind immer noch die Aquarelle aus Paraty zu sehen, und über den Köpfen des Publikums im alten Wohn- und Esszimmer hängt nach wie vor die »Literatur an der Schnur«. Titane und ihr Team haben noch am Nachmittag im selben Raum zwischen dem an einer Staffelei angebrachten, fast lebensgroßen Foto von Thomas Mann, das ihn hier im Haus zeigt, und der ehemaligen Durchreiche zur Küche geprobt.

Dann beginnt die Aufführung. Das Programm ist gegenüber dem im Niddener Theaterhaus und dem im Kulturzentrum des Nachbarorts Juodkrantė in den vergangenen Tagen etwas abgewandelt. Der Schwerpunkt liegt diesmal auf dem *Choro* oder *Chorinho*, einem im späten 19. Jahrhundert in Rio de Janeiro entstandenen Musikstil, einer sambaähnlichen Fusion aus Polka, Walzer und der afrikanischen Musik eingeschleppter Sklaven. Titane und ihre Gruppe ziehen damit, wie ich von der Terrasse aus rasch spüre, im Nu das Publikum in ihren Bann. Dieses besteht, für mich überraschend, mehrheitlich aus Litauern. Von den deutschen Heimwehtouristen, die noch während des vorangegangenen Thomas-Mann-Festivals überaus präsent waren, scheinen nur wenige Interesse an brasilianischer Volksmusik zu haben. Unter den Litauern sind viele junge Zuhörer, auch Mütter mit kleinen Kindern im Arm. Mit leuchtenden Augen verfolgen sie Titanes heute besonders ausgelassenen und musikalisch farbigen Auftritt, ihre leidenschaftlichen Tänze um den Flügel an der Wand, unterstützt vom Spiel ihrer mit rasanter Fingertechnik arbeitenden Begleiter. Das besondere, familiär intime Ambiente hier scheint auch die Musiker stärker zu beleben und anzuspornen als in den bisherigen Darbietungen auf der Nehrung. Zu der geradezu magischen Stimmung trägt das intensive Licht der Abenddämmerung über dem Haff bei, und besonders nach Westen hin das Leuchten des Himmels zwischen den dunklen Bäumen. Auf dem sanft abfallenden Hang unterhalb der Terrassenmauer flackern Dutzende gleichmäßig auf der Grasfläche verteilte Windlichter.

Inzwischen haben sich die Zuhörer im Haus von ihren Plätzen erhoben und scharen sich dicht gedrängt möglichst nahe an der Veranda zusammen, während vor ihnen eine Reihe von Kindern im Schneidersitz fasziniert zu den fremdartigen Musikern hochblickt.

Als ich schließlich nach Anbruch der Nacht aus der Dunkelheit heraus das fröhlich bewegte, exotische Treiben auf der hell erleuchteten Veranda betrachte, kommt es mir so vor, als sei schon den ganzen Abend lang, ja seit Tagen, das Thomas-Mann-Haus in eine neue, kräftige Farbe getaucht und als finde jetzt, sehr verspätet, ein Besuch der brasilianischen Mutter bei ihrem deutschen Sohn in dessen litauischem Sommerhaus statt.

Am nächsten Tag begleite ich unsere brasilianischen Gäste vor ihrer Abreise zusammen mit der Dolmetscherin Olga und den beiden Damen Jonušiene und Kibelka zu einer Abschlusseinladung ins Rathaus. Wir werden in einen großen Raum geführt, in dem wir rund um einen Konferenztisch Platz nehmen.

Obwohl sich im Lauf der vergangenen Tage, spätestens mit dem gestrigen Auftritt Titanes, eine zunehmende Vertrautheit zwischen den hiesigen Menschen und den von weit her kommenden Gästen entwickelt hat, spüre ich seitens des Bürgermeisters immer noch eine gewisse respektvolle Befangenheit. Nach dessen Begrüßungs- und Dankesworten entspinnt sich jedoch rasch ein lebendiges Gespräch vor allem über die ökologischen und kulturellen Gemeinsamkeiten. Paraty ist bereits in den Sechzigerjahren zum Weltkulturerbe der UNESCO erklärt worden; die Kommune der Nehrung hofft jetzt auf eine baldige Ernennung (die im Jahr 2000 dann auch erfolgt). Die von Naturschönheit verwöhnten und dem Naturschutz verpflichteten Brasilianer äußern sich anerkennend über das Umweltbewusstsein der Nehrungsbewohner.

Nach diesem Gespräch ist das Eis so weit gebrochen, dass der Bürgermeister Titane sogar mit Handkuss verabschiedet.

Im Anschluss sind wir alle noch zu einer Fahrt auf der großen Jacht des Bürgermeisters eingeladen, der allerdings selbst nicht mitkommen kann. Das Haff ist heute überraschend aufgebracht und beschert uns eine bewegte Fahrt. Kurz nach dem Verlassen des Ufers geraten wir in stürmische Winde, die die Wasserfläche zu einem schaumbekrönten Wellenteppich aufmischen und unser Schiff zu ihrem Spielball machen. Es ist ein erfrischendes, aber anstrengendes Spiel im Sitzen, Stehen, Stolpern und Rutschen, mit zerzaustem Haar und in enggezurrte Windjacken oder Wolldecken gehüllt. Dafür hat die Kraft der Julisonne etwas Beschwichtigendes an sich, und alle bleiben bis zum Schluss guter Laune. Es scheint geradezu ideal, dass die Südamerikaner vor ihrer Rückkehr in die Tropen noch einmal von baltischen Winden kräftig durchgepustet wurden.

Es ist ein ziemlich anrührender Augenblick, als ich vor ihrer Abfahrt noch einmal kurz den Reisebus besteige und die ganze Gruppe mir wie im Chor dankt für ihre Einladung zu diesem alles in allem gut überstandenen interkulturellen Abenteuer.

Anschluss an das neue Europa

> Nirgends in Europa war ich je
> so weit fort von Europa.
>
> Klaus Mann, 1931

Grell scheint die Julisonne herunter auf die Terrasse vor dem Thomas-Mann-Haus, man versteckt sich hinter schützenden dunklen Brillen. An gedeckten Tischen mit Kaffee und Kuchen wartet eine handverlesene Gruppe auf den Besuch von Klaus Kinkel und den drei Außenministern von Litauen, Lettland und Estland. Der deutsche Außenminister hat wenige Stunden zuvor, am Mittag des 16. Juli 1998, das zweite Thomas-Mann-Festival vor dem Niddener Rathaus eröffnet. Im Anschluss haben sich die »Großen Vier« zu einem ersten Konsultationsgespräch getroffen, um über die Befreiung von der Visumspflicht zwischen Deutschland und den drei baltischen Ländern zu verhandeln, ein erstes Vorgespräch über den Beitritt des Baltikums zur Europäischen Union zu führen und dann regelmäßige weitere Konsultationstreffen, als Nächstes in Deutschland, sowie NATO-Seeübungen in der Ostsee zu vereinbaren.

Als die stark wärmende Sonne sich neigt, erscheint endlich der erwartete Kleinbus auf der Zufahrt zum Haus und bleibt auf dem Platz vor dem Grundstück stehen. Die Außenminister, alle vier imposante Erscheinungen, steigen aus und bewegen sich dann wie eine Phalanx auf das Haus zu, wo sie sofort von

Frau Jonušiene und ihren Mitarbeitern in Empfang genommen und zu den Terrassentischen geführt werden.

Man hat mich an dem Tisch platziert, an dem auch Außenminister Kinkel sitzt. Ich spreche diesen bald auf seine Eröffnungsrede auf dem Balkon des Rathauses an, in der er gesagt hat, er habe seinen Deutsch-Abituraufsatz über Thomas Mann geschrieben. Daraufhin erzählt er ein bisschen von seiner Zeit als Schüler in seiner schwäbischen Geburtsstadt Hechingen. Er sagt, sein Vater sei mit dem Arzt und Schriftsteller Friedrich Wolf, dem Vater des DDR-Chefspions Markus Wolf, befreundet gewesen. Dann erinnert er sich, wie er als kleiner Junge während der letzten Kriegswochen den Wissenschaftlern von Laue, Heisenberg und Hahn regelmäßig Essensmarken in ihren Uranforschungs-Reaktorkeller im benachbarten Haigerloch habe bringen müssen. Er erwähnt dabei die weit fortgeschrittene Bechterew-Erkrankung des damals etwa siebzigjährigen Max von Laue. Dann erhebt er sich und macht lachend den Betroffenen in grotesk fast bis zum Boden gebücktem Gang nach. Nachdem er sich wieder hingesetzt hat, ruft er irgendwann völlig unvermittelt und mindestens zwei Mal, peinlich laut und mit einer großgrundbesitzerartig ausladenden Geste, hin zu den anderen Tischen und über die Terrassenmauer hinweg zu seinen Bodyguards auf der Wiese: »Schauen Sie mal her. Ich habe hier den Enkel von Thomas Mann neben mir sitzen.« Am liebsten möchte ich im Erdboden versinken. Wie um mich selber zu beschwichtigen, oder vielleicht auch, um ihm eins auszuwischen, denke ich daran, dass in nur zwei Monaten in Deutschland Bundestagswahlen stattfinden und inzwischen alles auf einen überfälligen Machtwechsel hindeutet.

Bevor die Sonne hinter den hohen Kiefern zum Wald hin verschwindet, wird noch rasch unten auf der Wiese ein Gruppenfoto mit den vier Ministern gemacht. Dann steigen sie alle wieder in den Kleinbus und machen sich auf den Weg.

Bei einem der Abendkonzerte in der evangelisch-lutherischen Kirche während des Festivals lerne ich den diesjährigen deutschen Urlaubsseelsorger kennen. Wir schöpfen gerade draußen vor dem Eingang ein wenig frische Luft und kommen miteinander ins Gespräch. Irgendwann fällt der Name Königsberg bzw. Kaliningrad mit seiner Domruine und dem dortigen Grabmal des Philosophen Kant. Mir ist dieses Thema sehr wichtig, weil ich gerade mit der Konzeption und den ersten Recherchen für den dritten Band meiner zwischen Brasilien und Osteuropa spielenden Romantrilogie begonnen habe, in dem Königsberg mit dem Dom ein zentraler Schauplatz sein soll.

Es stellt sich heraus, dass der Pastor seit der Öffnung Kaliningrads für den Westen nach dem Ende der Sowjetunion wiederholt die frühere ostpreußische Metropole und ihre Dominsel besichtigt hat, und er zeigt sich über die verschiedenen Phasen des Wiederaufbaus sehr gut informiert. Zuerst schildert er in düsteren Farben den noch lange Zeit nach Kriegsende anhaltenden trostlosen Zustand der Domruine.

»Die Zuganker an den Pfeilern und die Querstreben aus Stahl zwischen den beiden rissigen und mit Zementputz und Beton ausgebesserten Längsmauern mit den zugemauerten Spitzbogenfenstern bewahrten die Ruine vor dem Einsturz«, sagt er. »Und wenn man durch die Zwischenräume des Lattenzauns rings um den Dom schaute, sah man aus den Ritzen und Löchern des Steinbodens im Schiff und über den verwitternden Grabinschriften Unkraut sprießen. Diesseits des Zauns aber lag ein Teppich von blauen Vergissmeinnicht.«

»Und die Ruine hatte natürlich kein Dach«, werfe ich ein.

»Die Dachlosigkeit war seit Kriegsende ein symbolischer

Garant für die endgültige Verbannung von Preußens Glorie«, antwortet der Pastor trocken.

»Breschnew soll bei einem Besuch in Kaliningrad die Sprengung dieses ›faulen Zahns‹ befohlen haben«, weiß ich aus meinen Recherchen anzuführen. »Aber eine mutige, engagierte Gruppe in der Stadt hat die Umsetzung dieser Anweisung so lange hinausgezögert, bis sich mit dem Untergang der Sowjetunion das Thema erübrigt hatte.«

»Die Legende, dass die Deutschen zurückkommen würden und die Russen fortmüssten, wenn erst wieder ein Dach auf dem Dom sei, hat sich ziemlich lange gehalten«, führt mein Gesprächspartner weiter aus. »Aber von der Kaliningrader Bevölkerung wurde der Dom weniger mit Preußen in Verbindung gebracht als mit dem dort begrabenen großen deutschen Philosophen Kant.«

»Und wie hat die Partei und Regierung das gesehen?«

»Die hat diese Sicht stillschweigend mitvollzogen. Denn Kant galt ja ideologisch als Vorläufer Hegels, so wie Hegel als geistiger Ahne von Marx, Marx von Lenin, Lenin von Stalin und so weiter. Jedenfalls hat man 1993, nach der Auflösung der Sowjetunion, endlich mit den Konservierungsarbeiten am Dom begonnen. 1994 wurden die ersten Dachgiebel und Turmspitzen wiederhergestellt und im darauffolgenden Jahr Kants Grabmal restauriert und die ersten Glocken eingebaut. Und dann ... eben ... das Dach ...«

»Allen alten Vorsätzen zum Trotz.«

»Der Bau hat immerhin drei Jahre gedauert. Es wurden auch zwei weitere Glocken am Nordturm errichtet. Aber das neue Dach besteht nicht aus Ziegeln, sondern aus Kupfer, wegen des Gewichts, weil alle bisherigen Sanierungen auf etwas wackligen Füßen stehen. Die Fassade, das Rippengewölbe und die Fenster stehen noch weitgehend aus, ganz zu schweigen vom

Einbau einer neuen Orgel. Und von den ursprünglich fünf Brücken zur Dominsel gibt es heute weiterhin nur die eine erhaltene, aber baufällig gebliebene Honigbrücke. Aber mit der Errichtung des Dachs waren jetzt immerhin die Voraussetzungen für eine baldige offizielle, erneute Einweihung des Doms geschaffen.«

»Eine Einweihung? Wann?«, frage ich wie elektrisiert.

»Soweit ich weiß, noch diesen Herbst, und zwar, wie ich gehört habe, mit einer Aufführung von Händels *Messias*.«

Diese Auskünfte bestätigen mich endgültig in der Absicht, mir möglichst bald das notwendige Visum zu beschaffen und die russische Exklave Kaliningrad mit dem unverwüstlichen Domrelikt in ihrer Mitte mit eigenen Augen zu sehen.

Berlin, 15. Juli 1930. Thomas und Katia Mann und ihre drei jüngsten Kinder nehmen zusammen mit einer Köchin und deren Sohn den Nachtzug nach Königsberg. Sie sind auf dem Weg nach Nidden, wo sie morgen das neu gebaute Sommerhaus beziehen wollen. Die Reise geht durch den seit 1920 infolge des Versailler Vertrags vom Deutschen Reich abgetrennten Polnischen Korridor, durch ehemals westpreußisches Gebiet. Obwohl sich die Familie noch aus dem vergangenen Sommer an die mit der Korridordurchfahrt verbundenen zeitlichen und psychischen Belastungen erinnert, haben sie, im Gegensatz zu vielen anderen Reisenden, auf die Ausweichstrecke per Schiff von Swinemünde nach Pillau verzichtet. Der Zug ist entsprechend leer. Zu später nächtlicher Stunde erreicht er den deutschen Grenzbahnhof Konitz. Der dortige Halt ist sehr lang, weil für die Fahrt durch den Korridor die deutsche Lokomotive durch eine polnische und das deutsche Zugpersonal durch polnisches Personal ersetzt werden müssen. Dann wird der Zug verplombt. Während der folgenden, mindestens 30 Kilometer langen Fahrt durch den Polnischen Korridor darf das Fenster nicht geöffnet werden, was bei der hochsommerlich stickigen Luft sehr beschwerlich ist. Hinzu kommt, dass am Grenzbahnhof polnische Soldaten mit geschultertem Gewehr auf das Trittbrett aufgesprungen sind und sich während der ganzen Fahrt bis zum nächsten Grenzbahnhof draußen vor den Abteilfenstern festhalten. Dies hat zur Folge, dass die meisten Reisenden erbittert die Vorhänge zureißen. An der nächsten Grenze in Marienburg wird der Zug entplombt, wieder mit einer deutschen Lokomotive und deutschem Personal versehen, und die Vorhänge und Fenster werden wieder geöffnet. Nach erneutem zermürbend langem Aufenthalt in Marienburg geht die Fahrt zur Erleichterung der Erwachsenen und der unruhig schlafenden Kinder endlich, noch mehrere Stunden lang durch wieder deutsches Gebiet, weiter nach Königsberg.

Bernau bei Berlin, Anfang Oktober 1998. Ich bin mit der S-Bahn von Berlin-Zoologischer Garten zum hiesigen Umsteigebahnhof gefahren, um mit dem um 23 Uhr aus Berlin-Lichtenberg hier eintreffenden Nachtzug meine Reise nach Kaliningrad fortzusetzen. Schon beim Aussteigen in Bernau ist mir unheimlich zumute. Obwohl der Bahnhof kaum 20 Kilometer nordöstlich von Berlin-Mitte liegt, glaube ich mich bereits irgendwo weit weg in Osteuropa zu befinden. Der Bahnhof ist, mit Ausnahme der Unterführung, unbeleuchtet und baulich in einem desolaten Zustand. Ein penetranter Nieselregen durchtränkt die Nacht wie einen schweren, kalten Schwamm. Auf dem Bahnsteig befinden sich nur Polnisch oder Russisch sprechende Reisende, darunter einige korpulente und schlecht gekleidete, laut schwatzende und lachende Frauen mit vollen Markttaschen und ziemlich dubios und heruntergekommen aussehende Männer, deren bohrend neugierige und ängstlich misstrauische Blicke mich vermuten lassen, dass es sich um Schmuggler handelt.

Die nächste Irritation bereitet mir die Auskunft auf einem Schild über dem Bahnsteig, dass der bald eintreffende Nachtzug nicht Kaliningrad, sondern das polnische Gdynia zum Ziel hat. Wird der Nachtzug dort enden? Erschrocken eile ich zum nächsten, in einer Vitrine aushängenden Abfahrtsplan der Deutschen Bahn. Auch hier wieder: Gdynia. Auf dem Wagenstandsanzeiger mit den grün aufgemalten, nummerierten Waggons entdecke ich zu meiner Erleichterung einen besonders ausgezeichneten Schlafwagen, unter dem in winzigen roten Lettern »Kaliningrad« geschrieben steht, allerdings mit einer zusätzlichen Ziffer versehen, mit der nebenstehenden Legende: »Nur im Sommer – nicht täglich«. Ich bekomme es jetzt richtig mit der Angst zu tun. Also wird meine Reise wirklich um fünf oder sechs Uhr früh in Gdynia auf einem Abstellgleis enden? Und wie komme ich dann weiter nach Kaliningrad?

Ich renne mit meinem Gepäck durch die Unterführung, in der schwindenden Hoffnung, irgendwo noch einen offenen Auskunftsschalter zu finden. Dort unten gibt es in der Tat nur dunkle Fenster, verschlossene Türen und Plakate an den abblätternden kalkweißen Wänden, die Urlaube in der Sonne anpreisen. Ich flüchte wieder ins Freie in den dunklen Nieselregen, diesmal auf den weiten Platz vor dem Bahnhof. Die Straßen sind menschenleer. Nur einige Fenster der umliegenden Plattenbauten sind schwach, teils bläulich, teils rötlich, beleuchtet. Ich kehre rasch um. Bis zum Eintreffen des Zuges, mit oder ohne Schlafwagen nach Kaliningrad, sind es noch quälende zwanzig Minuten.

Langsam füllt sich der Bahnsteig. Ein paar von den finsteren Männern und den schwatzenden Frauen, die zwischendurch verschwunden waren, sind plötzlich wieder da. Endlich taucht der Zug aus dem dunklen Nebel auf, fährt zischend auf dem Bahnsteig ein und kommt schließlich dampfend und laut kreischend zum Stehen. Da sich, anders als auf dem Wagenstandsanzeiger, am Zuganfang kein Schlafwagen befindet, renne ich panikartig mit dem Gepäck die ganze Zugreihe entlang an das andere Ende. Endlich. Ein Schlafwagen. Neben der inzwischen geöffneten Wagentür hängt schief ein Schild mit der befreienden Aufschrift »Kaliningrad«. Ich gebe sofort dem neben der Tür stehenden Schaffner meine Schlafwagenkarte ab und besteige dann den Zug.

Wegen der starken Beleuchtung im Inneren des Waggons kommt dessen heruntergekommener Zustand sehr zur Geltung: die fleckigen Plüschteppiche, die zerkratzten Abteiltüren und die schmuddelig zerknitterte Uniform des Schlafwagenschaffners. Dieser spricht mich laut und grob auf Polnisch an und führt mich in mein Abteil. Dort sitzt bereits ein Herr mit rundem Gesicht, dünnem blondem Haar und Nickelbrille, der mich höflich begrüßt und gepflegt und intelligent wirkt. Er spricht tadellos Deutsch, wenngleich mit starkem slawischem Akzent. Er fragt mich, ob ich lieber den unteren oder den oberen Liegeplatz haben möchte. Ich entscheide mich für den oberen, weil ich mich dort geschützter glaube. Da das Abteil so eng ist, dass man sich, besonders mit dem abgestellten Gepäck und dem aufgeklappten Waschtisch, nur knapp umdrehen kann, müssen wir eine Zubettgeh- und Aufstehreihenfolge vereinbaren. Da mein Abteilgenosse bereits in Gdansk aussteigt, wird er vor mir aufstehen und daher auch als Erster zu Bett gehen, während ich draußen im Korridor warte.

Etwa eine Stunde nachdem ich über die Aluminiumleiter auf meine Schlafstelle hochgeturnt bin, liege ich noch wach, als der Zug zum ersten Mal hält. Dann klopft es an der Abteiltür. Es ist die Zoll- und Passkontrolle an der deutsch-polnischen Grenze. Bald setzt sich der Zug wieder in Bewegung. Ich versuche die ganze Nacht vergeblich zu schlafen. Im Morgengrauen erhebt sich mein Abteilgenosse von seinem Bett, wäscht sich, kleidet sich an und verlässt das Abteil, lässt jedoch sein Gepäck noch innen neben der Tür stehen. Ich begebe mich ebenfalls hinunter, öffne den Vorhang und blicke auf weites, kaum besiedeltes hügeliges Land unter grauen, schweren Wolken, mit meist schadhaften Gebäuden, schiefen und brüchigen Holzzäunen, grasenden Kühen und Schafen auf Weideflächen und Scharen herrenloser Gänse. Nach dem Waschen und Ankleiden verzehre ich ein irgendwo unter dem Waschtisch auffindbares und in Zellophan verpacktes, watteweiches Marmeladen-Croissant und verlasse dann das Abteil, um mir beim Schlafwagenschaffner einen Gratisbecher Kaffee zu holen.

Beim Hinausgehen erblicke ich am Korridorfenster meinen Abteilnachbarn, der mir freundlich zunickt. Wenig später treffen wir in Gdansk, seinem Reiseziel, ein. Sein Gepäck in der Hand, verabschiedet er sich von mir mit einem spitzbübischen Lächeln: »Viel Vergniigen in Keenigsberg.«

Bis zur russischen Grenze dauert es noch eine knappe Stunde. Ich versuche mit Worten und Gesten, dem Schlafwagenschaffner verständlich zu machen, er möge in meinem Abteil das obere Bett hochklappen, damit ich aufrecht sitzen kann. Er kommt, entfernt jedoch nur grinsend Decken und Laken von den Betten und geht wieder. Womöglich hatte er ein Trinkgeld erwartet. Wegen meiner gebückten Haltung unter dem schief ragenden Oberbett schmerzt mir bald der Rücken.

Endlich erreichen wir den polnischen Grenzbahnhof. Nach Erledigung der Pass- und Zollformalitäten trete ich ans Abteilfenster. Etwas weiter vorn an der Böschung steht ein Grenzsoldat mit geschultertem Gewehr. Als ich das Fenster öffne und den Kopf hinausstrecke, nähert sich mir der Soldat mit drohender Miene, sodass ich zurückweiche und rasch das Fenster schließe. Dann setzt sich der Zug wieder in Bewegung. Ich kann schwer erkennen, wann wir die russische Grenze passieren. Irgendwann kommt ein Zöllner mit einem dunkleren Braunton in seiner Uniform, wahrscheinlich ein russischer Beamter, und kontrolliert meinen Reisepass mit eingetragenem Visum. Langsam bricht die Sonne durch die Wolken, aber es wird, wie durch das geöffnete Fenster zu spüren ist, deutlich kälter. Auch die an den Bahnhöfen stehenden Menschen, die an mir vorbeiziehen, blass und teilweise bis ums Gesicht in lumpenartige Kleidung gehüllt, sehen so aus, als wären sie in einem Dauerfrost erstarrt. Sie schauen stumm dem Zug nach, so als führe mit ihm ihre eigene Zukunft davon. Ansonsten ist alles wie ausgestorben. Die meisten Häuser, vor allem Gehöfte und Fabriken, sehen aus wie verwaiste Ruinen, die Schrebergärten wirken verwildert, die Felder unbebaut und die meist lückenhaften und verrotteten Umzäunungen zufällig und nutzlos.

Irgendwann wird es draußen im Korridor unruhig und laut. Aufgeregte Stimmen dringen an mein Ohr, überwiegend auf Deutsch. Neugierig trete ich hinaus und entdecke hauptsächlich alte, etwas verhärmt wirkende Männer und Frauen, die mit bleichem Gesicht und geröteten Augen sehnsüchtig zum Fenster hinausblicken. Jetzt fährt der Zug immer langsamer, obwohl noch keine Stadt in Sicht ist, sondern nur vereinzelte rußgeschwärzte Fabrikschlote, Backsteinhäuser oder Betonsilos sowie Schuppen mit schiefem Wellblechdach oder mit Unkraut überwucherte Äcker oder Gärten. Plötzlich taucht die niedrige und dunkle Bahnhofshalle auf, die unter dem beengenden, teils mit trübem Glas durchsetzten Metalldach mit der kyrillischen Aufschrift »Kaliningrad« wie eine Schießscharte wirkt, in deren Enge zuerst die Lokomotive und danach alle anderen Wagen verschwinden.

Beim Aussteigen muss ich mich erst an die unheimliche, bedrückende Dunkelheit der Halle mit ihren vielen kleinen Fenstern an der Längsseite und der schmalen Verglasung am Giebel gewöhnen. Nach russischer Zeit ist es etwa neun Uhr morgens. Ich laufe den lang gestreckten Bahnsteig entlang, wo ich Zeuge bewegter Begrüßungsszenen zwischen den Wartenden und meinen Deutsch sprechenden Mitreisenden werde. Es ist offenbar ein erstes Wiedersehen nach jahrzehntelanger Trennung durch den Eisernen Vorhang.

Am Ende des Bahnsteigs entdecke ich endlich, unserer schon vor einigen Wochen getroffenen Vereinbarung gemäß, Ruth Kibelka und ihren kleinen Sohn Jaan-Cornelius.

Nach meiner noch in Nidden getroffenen Entscheidung, Kaliningrad und seinen Dom zu besichtigen, hatte Ruth Kibelka mir bei der Visumsbeschaffung über die evangelische Kirche in Kaliningrad geholfen und angeboten, mich zwei Tage lang zusammen mit Jaan-Cornelius mit ihrem Auto durch die ihr gut bekannte Stadt sowie das umliegende, ehemals nordostpreußische Land zu führen. Danach wollen wir über das einstige Seebad Rauschen durch den russischen Teil der Kurischen Nehrung über die litauische Grenze nach Nidden fahren, wo im Thomas-Mann-Haus einen Tag später die nächste alljährliche Herbst-Kuratoriumssitzung stattfinden soll. Die Einweihung des Königsberger Doms ist leider erst für November vorgesehen, eine für mich ungünstige Reisezeit.

Schon beim Verlassen des Bahnhofs erfahre ich eine Menge von der versierten Historikerin Ruth Kibelka: als Erstes über die hier in Kaliningrad ethnisch zusammengewürfelte, von überall aus dem Osten »provisorisch« angesiedelte Bevölkerung, hauptsächlich Russen, aber auch Weißrussen, Ukrainer, Litauer, Polen, Russlanddeutsche, Armenier und Aserbaidschan-Flüchtlinge, insgesamt 30 Nationalitäten, alle seit 40 Jahren wie auf gepackten Koffern sitzend. Sie waren alle im selben Eisschrank eingesperrt, der im Lauf der Jahrzehnte nur sehr vorsichtig geöffnet wurde und entsprechend langsam abtaute. Seit der Auflösung der Sowjetunion haben die Bewohner hier damit begonnen, ihre sowjetische Tarnkappe abzulegen und wieder das zu sein, was sie ursprünglich waren. Dies gilt allerdings nur für die Älteren. Die hier geborenen Jüngeren, die das Moskau, das Kasan oder die Wolga ihrer Eltern nur von Postkarten kennen, entwickeln ganz allmählich so etwas wie eine neue, regionale Kaliningrader Identität. Kaliningrad ist alles andere als ein wieder aufgebautes Königsberg mit neuem Namen. Es ist eine von Grund auf neu gebaute Stadt. Der Bahnhof gehört zu den 10 Prozent der im Krieg unzerstört gebliebenen Gebäude der Innenstadt.

Als wir in das auf dem Bahnhofsplatz geparkte Auto einsteigen, erfahre ich den Grund für die vielen hier stehenden Polizeiwagen. Seit Beginn dieser Woche wurde über Kaliningrad und den ganzen Verwaltungsbezirk, die Oblast Kaliningrad, wieder einmal der Ausnahmezustand verhängt – ein »ökonomischer Notstand«, wie er genannt wird.

Beim Verlassen des Bahnhofs fahren wir an einem großen schwarzen Denkmal auf rotem Sockel vorbei, mit dem Wappen der nicht mehr existierenden Sowjetunion versehen und umrahmt von den Bannern ihrer 15 ehemaligen Republiken. Es ist das Denkmal von Michail Kalinin, Stalins Steigbügelhalter und Komplizen, unter anderem verantwortlich für den Massenmord an den polnischen Offizieren in den Wäldern von Katyn und bis zu seinem Tod 1946 20 Jahre lang Staatspräsident der UdSSR. Nach Beseitigung aller Spuren der früheren preußischen Metropole wurde bereits 1946 diese neue sowjetische Musterstadt, ein Vorposten der westlichen Sowjetunion, nach ihm benannt, so wie auch alle Straßen und Plätze und der größere Teil der fast 5 000 nordostpreußischen Städte und Dörfer neue russische Namen erhielten.

Bei unserer Weiterfahrt durch die Stadt kann ich in der Tat nichts mehr von den bezaubernden Aufnahmen des ehemaligen Königsbergs in den mir bekannten Ostpreußen-Reiseführern erkennen. Anders als in den Vororten Hufen und Amalienau mit ihren Überresten des alten Königsbergs sind Topografie und Straßenführung im Stadtzentrum so verändert, dass sich ein gebürtiger Königsberger hier nicht mehr zurechtfinden kann. Nichts ist mehr von der schmucken, verwinkelten Anlage der einstigen Innenstadt, ihrer gemütlichen Enge, der Geschäftigkeit und dem bunten Straßengewirr vorhanden. Diese Betonwüste aus Wohnblocks, verfallenden Mietskasernen und Bauruinen, unter denen eine hohe Erdschicht die Straßen und Gassen der früheren Stadt und die Fundamente ihrer Häuser begrub, ist ein architektonisches Vakuum. Diese Einheitsstadt ist das Resultat einer verfehlten Stadtplanung auf dem Hintergrund einer gescheiterten Sowjetisierungspolitik. Ich schätze, dass es hier nicht viel anders aussieht als in den meisten anderen exsowjetischen Archipeln. Eine Ausnahme scheint der hiesige Dom zu sein, auf den ich jetzt umso neugieriger bin.

Auf der weiteren Fahrt zum Königstor, vorbei am Schlossteich, bieten Straßenverkäufer, vor allem Frauen in zerschlissenen Pullovern und mit Pudelmützen, auf kleinen Holztischen Häufchen von Kartoffeln, schrumpelige Äpfel und Tulpen feil. Viele Geschäfte in der Innenstadt sind leer. In einem von ihnen sehe ich eine Verkäuferin Zucker und Mehl aus riesigen blauen Säcken in die Plastikbeutel der Kunden schaufeln. Am Litauer Wall schließlich stehen die Überreste des Königstors, eine hohe rote Backsteinmauer, an der die Skulpturen dreier für die Geschichte Ostpreußens maßgeblicher Persönlichkeiten aus Sandstein und ihre Wappen prangen – jedoch ohne Köpfe. Diese wurden kurz nach Kriegsende von sowjetischen Soldaten abgeschossen.

Bevor wir zum Dom fahren, suchen wir noch etwas zu essen. Auf dem großen Zentralplatz der Stadt mit dem eckig herausragenden Betonklotz des Rätehauses und einer öden Anlage mit Springbrunnen und Waschbetonplatten parken wir und begeben uns zu einer kleinen, weißen Baracke. Wir betreten einen winzigen, aber glücklicherweise gut geheizten Raum mit Klapptischchen und -stühlen. Hinter der Theke trauern auf einem Teller vier oder fünf zwergengroße, aufgewellte Graubrotsandwiches mit undefinierbarem Belag. Die Wirtin händigt uns die Sandwiches aus und kocht dann zwei Tassen schlecht schmeckenden, aber wenigstens heißen Kaffee. Jaan-Cornelius zieht ein eisgekühltes Pepsi-Cola vor, bei dessen Anblick es mich fröstelnd durchschauert.

Nach unserer kargen Mahlzeit geht es endlich zu der von zwei Pregel-Armen umschlossenen Dominsel, der ehemaligen, einst dicht besiedelten Kneiphof-Insel, auf der, jetzt nur noch von Bäumen und einigen Plastiken umgeben, das in dieser Stadt eigentümlich fremd anmutende Relikt mittelalterlicher Backsteingotik, der Königsberger Dom, steht. Wir parken das Auto möglichst nah an der Insel, überqueren die Honigbrücke und laufen die Längsseite des Doms entlang zum Portal.

Seit meinem Gespräch mit dem Urlaubsseelsorger in Nidden hat sich mein Interesse am Dom etwas verlagert. Wenige Tage nach der Unterhaltung fand am Fuß der Parnidderner Düne die unvergessliche Aufführung von Haydns *Schöpfung* statt. Unmittelbar danach kam mir die Idee, in meinem geplanten Roman dieses eindrucksvolle Erlebnis in die noch dachlose Königsberger Domruine zu verlegen. Dafür waren mir die Schilderungen des Pastors aus der Zeit vor dem Wiederaufbau besonders wertvoll, und sie veranlassten mich, über diesen früheren Zustand des Doms zu recherchieren. Da Kants noch vor der Fertigstellung des jetzigen Dachs restauriertes Grabmal an der Nordseite des Doms in meinem Roman ebenfalls vorkommen soll, ist mir dessen Besichtigung wichtiger als das Innere des frisch renovierten Doms kurz vor seiner Wiedereinweihung.

Trotzdem werfe ich wenigstens einen Blick in den Dom: zuerst in die ebenfalls wiederhergestellten und überdachten Seitenkapellen – links vom Portal die russisch-orthodoxe und rechts die evangelisch-lutherische, in der ein mannshohes Holzkreuz steht. Dann betrete ich kurz das große, weiß gekalkte und noch nach Farbe riechende Längsschiff mit einem prunkvollen neuen Altar an der Spitze.

Danach gehen wir außen die Nordseite entlang zur überdachten und von einem niedrigen verschnörkelten Metallgitter umzäunten Säulenhalle, in der Kants Grabmal aus dunklem Granit steht. An der rötlich gekachelten Mauer dahinter sind, mit großen schwarzen Lettern, Name, Geburts- und Sterbejahr des Philosophen eingemeißelt. Das Grab ist mit mehreren Blumensträußen geschmückt, die in klobigen, trüben Gläsern dahinwelken oder in Strohkörbchen mit zartem Henkel stecken.

Eigentlich würde man an diesem Ort, ähnlich wie im Niddener Thomas-Mann-Haus, hauptsächlich deutsche Besucher erwarten. Aber die geografische und politische Situation hier erschwert dies. Stattdessen ist, wie ich mir erklären lasse, Kants Grab gleichsam zu einer kleinen Kultstätte der Kaliningrader Bevölkerung geworden. Viele russische Hochzeitspaare, Soldaten, Matrosen und Schüler suchen vor allem an den Wochenenden diese Stelle auf. Sie legen Blumen nieder und lassen sich gruppenweise fotografieren. Kant ist eine Art Symbolfigur für sie. Wahrscheinlich empfinden die Menschen Dankbarkeit dafür, dass seine Ruhestätte den Dom vor dem Abriss bewahrt hat. Dieses Grabmal ist für viele Kaliningrader Neubürger ein Impuls, sich mit der Geschichte ihrer Stadt auseinanderzusetzen. In diesem Zusammenhang erfahre ich, dass Kant und Lenin beide am 22. April Geburtstag feiern, was geradezu eine Tragikomödie für diese Stadt ist. Denn jedes Jahr an diesem Tag versammeln sich um Punkt zwölf Uhr mittags zwei Gruppen. Die eine zieht mit roten Fahnen, Blumen und Spruchbändern zum Lenin-Denkmal am Siegesplatz vor dem Nordbahnhof, die andere kommt hierher und legt ihre Blumen am Sarkophag nieder.

Nach diesem bewegenden Besuch brechen wir mit dem Auto auf, um bis zum Abend noch einige Orte in der ländlichen Umgebung zu besichtigen.

Als wir am Ring um Kaliningrad einen Arm des Pregel überqueren, begegnen uns die Reste einer gesprengten Brücke, dicht neben derjenigen, auf der wir fahren. Die beiden Enden der Ruine ragen schräg und starr wie die hochgezogenen Hälften einer Zugbrücke in die Höhe. In den Betonkolossen stecken noch Reste eines Eisengeländers, und an einigen Stellen klebt der einstige, sich langsam von seinem Untergrund ablösende Straßenbelag. Diese Brücke haben die Deutschen beim Rückzug gesprengt, und die Russen haben bis heute alles so belassen und daneben eine neue gebaut.

Wir fahren die Straße nach Tišino, dem einstigen Abschwangen, und dann nach Domnovo oder Domnau. Der Zustand der Straßen ist erbärmlich. Wir passieren kilometerlang steppenartiges, hügeliges Land mit einem Wildwuchs von Büschen, Waldflecken und Weidegras. Es sind Riesenflächen fruchtbarer, aber ungenutzter Erde der früheren üppigen ostpreußischen Kornkammer. Ab und zu blockieren die Autostraße Schafe und

Ziegen, die, zusätzlich zu den vielen Löchern im Asphalt, slalomartig umfahren werden müssen. Am Straßenrand hocken immer wieder alte Frauen in zerschlissenen, speckigen Jacken und halten mit verschämt abgewandtem Gesicht Kartoffeln in kleinen Plastiksäcken und Blumensträuße zum Verkauf bereit. In der Nähe eines ehemaligen sowjetischen Truppenübungsplatzes begegnet uns auf freiem Feld ein Hinweisschild: »Panzer überqueren die Straße«. Bald danach entdecken wir am Straßenrand ein auf eine hohe weiße Säule montiertes Autowrack mit der Inschrift: »Der Grund – überhöhte Geschwindigkeit«. Wieder etwas später taucht die Ruine einer großen Kirche auf, mit verrostetem, zeigerlosem Zifferblatt und einem zur Hälfte eingestürzten Dach. Die Fensterlöcher an beiden Seiten der Ruine lassen diese wie einen Tunnel aussehen, durch dessen hinteres Ende ein Stück Himmel scheint. Vor dem gähnenden Portal vermodern die Reste einer Holzplatte, vermutlich die ehemalige Kirchentür. Ein vor der Ruine kräftig ausschlagender Baum scheint das Gebäude an Macht und Größe überflügeln und zuwachsen zu wollen. Eine Leine mit im Wind schaukelnder Wäsche und eine einsame Kuh daneben sind weitere Zeugen für die Abdankung des Gotteshauses.

Diese Kirche, erzählt mir Ruth Kibelka, sei lange ein sowjetisches Kriegsgefangenenlager gewesen, dann ein Schweinestall und zuletzt ein Autofriedhof. Andere haben als Lagerhallen oder Panzergaragen gedient. Das ganze ehemalige Nordostpreußen ist eine Insel verfallener Kirchen, sofern diese nicht bald nach Kriegsende von russischen Soldaten während eines ihrer Saufgelage oder beim Verheizen der Kirchenbänke abgefackelt oder aber später gesprengt wurden, um – wie in einer Art Geisterbeschwörung – einer Lenin-Statue oder einem Denkmal für die Helden des »Großen Vaterländischen Krieges« Platz zu machen.

Kurz nach der Kirchenruine gelangen wir an eine dorfähnliche Siedlung. Auf einem schlammigen Marktplatz ragt ein versilbertes Heldendenkmal in die Höhe, daneben liegt ein Haufen verfaulender Holzscheite und Gerümpel. Um den Platz stehen Gebäude in unterschiedlichem Verfallsstadium. Einige der Häuser sind nur noch zur Hälfte vorhanden, wie in der Mitte der Länge nach abgeschnitten, andere weisen, als Vorbote für diesen Zustand, tiefe Risse in den Mauern auf, löcherige Dächer und schartige, von Unkraut überwucherte Steintreppenaufgänge; und hinter den Fassaden, sofern sie nicht schon zugemauert sind, hängen schürzenartige, schmutzige Tücher als Vorhänge. Auf einer Bank vor einem verwaisten Restaurant sitzen, in schwarze Lumpen und Kopftücher gehüllt, alte Frauen. Unweit von ihnen schubsen Kinder um die Wette einen zerschlissenen Kinderwagen vor sich her. Verwahrloste Hunde und Katzen streunen vor einer windschiefen, auseinanderfallenden Bretterscheune unter einem Wellblechdach.

Nach einer kurzen Rast etwas außerhalb dieser Siedlung beschließen wir umzukehren. Der Abend naht. In der Nähe des Kaliningrader Rings beziehen wir in einem an der Autobahn gelegenen, altsowjetischen Interhotel-Kasten unser Nachtquartier.

Am nächsten Morgen geht es in Richtung litauischer Grenze. Auf unserer Fahrt von Kaliningrad durch das Samland machen wir noch einen Umweg über Svetlogorsk, den früheren ostpreußischen Badeort Rauschen an der Ostseeteilküste. Das gestrige sonnige Oktoberwetter hat heute einem bleiernen Hochnebel Platz gemacht, der das Ambiente dieser russischen Sommerfrischedomäne noch unattraktiver als ohnehin erscheinen lässt. Der Ort ist das Relikt einer typischen sowjetischen Ferienkolonie vorwiegend für Parteikader und Militär und wirkt, dank den weiterhin zahlreichen russischen Ostseeurlaubern, trotz seines unerfreulich nachsozialistischen Charakters relativ gepflegt. Dies gilt für die Strandpromenade und den Hotel- und Restaurantkomplex ebenso wie für die Alleen an der Peripherie mit ihren bunt angestrichenen Ferienhäusern und Datschen.

Nach einem Mittagsimbiss in einem der Massenabfertigungsrestaurants am Strand fahren wir weiter zur Kurischen Nehrung. Die Anfahrt an deren Südende führt über Selenogradsk, das ehemalige Cranz, von wo aus meine Familie vor dem Krieg stets per Schiff über das Haff nach Nidden fuhr. Im Vergleich zum eher florierenden Svetlogorsk wirkt dieser Ort trist und arm. Die Einfahrt von dort in den russischen Teil der Nehrung fühlt sich wie eine Erholung an. Das auch hier sehr dicht bewachsene Waldgebiet scheint irgendwie unberührter und ursprünglicher zu sein als auf der litauischen Seite, und die manchmal skurrile Naturwüchsigkeit der hiesigen Baumwelt lässt gelegentlich an die ihr Unwesen treibenden Waldgeister der slawischen Mythologie denken. Kurz vor der Grenze machen wir einen kleinen Abstecher haffwärts zum Dünengebiet vor Morskoje, dem einstigen Pillkoppen. Wir sind wieder an dem vertrauten Ausblick auf Haff und Festland angelangt. Aber hier erlebe ich die Idylle in einer sehr andersartigen Stimmung. Um uns herum stehen nur verfallene Häuser in einer toten Umgebung. Der Zauber der vor uns ausgebreiteten Natur wirkt hier im Vergleich zum Gebiet um Nidden nur wenige Kilometer weiter auf der litauischen Seite verunsichernd, gestört, ja ins Morbide verkehrt.

Bald flüchten wir wieder ins Auto und beeilen uns, zur Grenze zu kommen.

Die Durchfahrt durch den russischen Zoll erweist sich als kompliziert und bürokratisch langwierig. Unsere Pässe mit Ein- und Ausreisevisum und die Autopapiere müssen an mehreren Containerhäuschen zwischen Betonmauern durch einen Schlitz einem hinter einer vermutlich kugelsicheren Glasscheibe starr sitzenden Beamten gereicht und dann nach zermürbend langer Wartezeit wieder entgegengenommen werden. Kurz bevor wir endlich ins Niemandsland zwischen russischem und litauischem Zoll weiterfahren, kommt uns aus Litauen ein Auto entgegen. Diesem entsteigt eine junge Frau, die mir, wie auch ihr Wagen, so elegant vorkommt, wie ich das seit meiner Einreise in die russische Exklave nicht mehr gesehen habe. Auch das Niemandsland kommt mir gepflegter vor. Und dann beim litauischen Zoll ist die Natürlichkeit und Freundlichkeit der im Freien bereitstehenden Beamten regelrecht wohltuend. Ich muss an die in den Siebziger- und Achtzigerjahren benutzten Grenzübergänge von der DDR in die Bundesrepublik denken. Nur ist hier die Himmelsrichtung umgekehrt. Jetzt ist die westliche Seite der wirtschaftlich und politisch rückständige und arme Teil, und aus dem Osten kommen uns Wohlstand und Glanz entgegen.

Noch einmal bestätigt sich dieses Gefühl für mich abends in Nidden. Aus Hamburg über Palanga kommend, traf ich hier jedes Mal eine unterentwickelte Infrastruktur an. Heute, noch unter dem Eindruck der russischen Exklave, staune ich über die adrett herausgeputzten Häuser, die intakten Straßen und schicken Autos und über den abendlichen Lichterglanz des mir geradezu reich vorkommenden Ortes Nidden.

Bei goldenem Oktoberwetter besteige ich wenige Tage später an der Anlegestelle der Hafeneinfahrt von Klaipėda die große Fähre nach Sassnitz auf der Insel Rügen. Die Reise voller extrem unterschiedlicher Eindrücke, von Berlin nach Kaliningrad Stadt und Umgebung, von dort weiter über das Samland erst auf die russische Seite der Nehrung und dann nach Nidden, war ein Wechselbad der Gefühle – zwischen Armut und Wohlstand, Hoffnungslosigkeit und Zuversicht, zerstörter Zivilisation und Naturschönheit. Jetzt folgt ihr letzter Abschnitt. Es soll eine entspannte, das litauische, russische und polnische Festland in weitem Bogen umgehende etwa 18-stündige Fahrt auf dem Meer werden.

Schon beim Einsteigen merke ich, dass die im Sommer immer voll besetzte Fähre zur jetzigen Jahreszeit fast leer ist. Auf dem Autodeck sind nur wenige große Lastwagen geparkt. Bald nachdem ich meine Kabine bezogen habe, legt die Fähre ab. Ich verfolge vom sonnenbeschienenen Deck aus die Fahrt durch die lange Hafeneinfahrt in die offene Ostsee bis zum Verschwinden des Ufers und blicke dann in die Weite des heute fast unbewegten und unter dem wolkenlosen Himmel beruhigend tiefblauen Meeres. Fast allein, setze ich mich mit einem Buch und Schreibzeug auf das von der Sonne gewärmte Deck und arbeite fast bis zur Dämmerung. Dann gehe ich unter Deck zur Essensausgabe. Dort stehen nur ganz wenige Lastwagenfahrer. Die folgende Nacht in der Kabine ist völlig ruhig, und ich schlafe bei kaum merklichen Schaukelbewegungen bis zum Morgen durch. Um neun Uhr legt die Fähre in Sassnitz an, jetzt unter neblig trübem Himmel.

Auf der langen Bahnfahrt von Sassnitz nach Berlin wird mir bewusst, wie wichtig es ist, die vielen kontrastreichen Erlebnisse seit meinem Aufbruch von Berlin vor etwa vierzehn Tagen sich erst einmal setzen zu lassen. Seit nur etwas über einem Jahr habe ich schon vier Mal unter sehr unterschiedlichen Umständen Litauen und jetzt auch noch die russische Exklave Kaliningrad besucht. Nun ist unbedingt eine längere Pause angesagt. Früh genug, vermutlich schon ab dem nächsten Sommer, werden neue Erfahrungen hinzukommen.

Knapp zehn Jahre später, im Juli 2008, sitze ich beim Umtrunk in einem Restaurant am Haff nach einem Abendkonzert in der Kirche von Nidden neben einer Journalistin aus Vilnius. Ich komme mit ihr ins Gespräch, und sie vermittelt mir einige Einblicke in ihre Arbeit bei der Zeitung. Dies ist für mich eine gute Gelegenheit, auch das Neueste über das Alltagsleben der Litauer zu erfahren. Vor allem will ich von ihr wissen, inwieweit sich Litauens Gesicht auch außerhalb der Kurischen Nehrung seit dem Beitritt zur Europäischen Union vor vier Jahren verändert hat.

Über das, was ich von ihr im Lauf des Abends erfahre, bin ich zunehmend schockiert. Zuerst denke ich, dass die Berufsjournalistin mich vielleicht provozieren möchte, wenn sie sagt, dass Litauen heute die höchste Selbstmordrate auf der ganzen Welt habe, durchschnittlich viermal höher als in Deutschland, in einigen kleineren Orten sogar noch höher – auf 100 000 Einwohner etwa 40 Selbstmorde pro Jahr. Danach, sagt sie, folgten fast nur ehemalige Ostblockländer: Weißrussland, dann Russland, Slowenien, Ungarn, Kasachstan, Lettland und schließlich die Ukraine. Die Suizidraten in Litauen seien fast doppelt so hoch wie im Durchschnitt in den westlichen Ländern. Die Journalistin scheint ihr Land und die Statistiken und Expertenmeinungen zu diesem Problem sehr gut zu kennen. Sie reist viel herum, recherchiert und macht persönliche Beobachtungen, sodass ich ihren Äußerungen immer mehr Glauben schenken muss. Ich frage sie, was ihrer Meinung nach der Grund für diesen traurigen Rekord ist. In einem Land mit einer so schönen Natur, reich an Gewässern und Wäldern, mit einer gepflegten Hauptstadt und einer gebildeten Elite? Liegt es an überdurchschnittlichem Alkoholkonsum, am tristen Klima vor allem im Winter, an Armut und Trostlosigkeit? Ihre Antwort lautet, nach ihrer Ansicht hätten die Historiker die plausibelste Erklärung: die Nachwirkung der Vergangenheit.

Dann legt meine Tischnachbarin dar, was sie damit meint.

Bei allem Modernitätshunger des neuen EU-Landes gibt es auch ein desolates, armes Litauen, sagt sie, in dem vor allem das Landleben geprägt ist von zerstörten Traditionen und sozialer Entwurzelung. Dies führt besonders bei den jungen Leuten und bei vielen Frauen zu einer massiven Landflucht, überwiegend ins westliche Ausland, oft ohne Rückkehr. Wer diesen Ausbruch nicht schafft, wird depressiv und greift nach dem Alkohol, der zu 80 Prozent die Ursache für die Suizide ist. Die wenigen von der Regierung gestarteten kleinen Programme mit psychologischer Betreuung und Aufklärung reichen nicht aus. Die Politik konzentriert sich ohnehin in erster Linie auf die Bewältigung der Finanzkrise und die Bekämpfung der sich immerhin auf 20 Prozent belaufenden Arbeitslosigkeit. Besonders die Zahl lebensmüder junger Männer nimmt ständig zu. Allein in der Hauptstadt Vilnius kann die Hotline für Suizidgefährdete von den zwei Millionen Anrufen pro Jahr rund um die Uhr nur 100 000 entgegennehmen. Manch einer muss es 30 Mal versuchen, ehe er gehört wird.

Und seit wann hat sich die Situation dermaßen zugespitzt?

Vor dem Zweiten Weltkrieg, so höre ich, war die Zahl der Selbstmorde niedrig. Mit dem Einmarsch der Deutschen stieg sie steil an, stieg weiter mit der sowjetischen Besetzung des Baltikums zu Kriegsende und noch weiter während der Deportation der reichen Bauern und der litauischen Elite nach Sibirien in den Jahren der Angst und Hoffnungslosigkeit. Nach Stalins Tod knickte die Kurve kurz ab, stieg dann jedoch wieder in der langen Ära der sowjetischen Repression bis Mitte der Achtzigerjahre. Während der Perestroika sank sie ein zweites Mal, bis zum Triumph der staatlichen Unabhängigkeit. Pa rallel zur bald danach einsetzenden Stagnation, zu den politischen und wirtschaftlichen Verzögerungen und Rückschlägen in der jungen Republik stieg sie wieder bis zum EU-Beitritt 2004. Seitdem geht sie sehr langsam zurück. Der Grund für das Suizid-Debakel ist nicht die Armut. Wirklich arme Menschen in anderen Erdteilen nehmen sich seltener das Leben. Das Problem in Litauen ist die Kluft zwischen den Erwartungen der Menschen an ihr Leben und der Realität. Die Ursache für Osteuropas Trauer sind jahrzehntelange Fremdherrschaft und Ohnmacht mit nur kurzfristiger Besserung nach der Wende, deren Durchschlagskraft letztlich bis heute ausblieb. Dass die Litauen seit dem Fall des Eisernen Vorhangs prägenden ökonomischen Krisen in den letzten Jahren auch die westlichen Länder erfasst haben, mag immerhin die Chance einer solidarischen Verzahnung von Ost und West bergen. So kehren einstige litauische Jungauswanderer in letzter Zeit mit einem im Westen gewonnenen geschärften Blick in ihr Land zurück.

Zum Schluss gibt die Journalistin mir ein erschütterndes Stimmungsbild wieder. Es geht um ein Erlebnis, das sie vor Kurzem nordöstlich von Vilnius in der Nähe der lettisch-weißrussischen Grenze hatte. Sie war zusammen mit einer Kollegin wegen einer Reportage mit dem Auto in das Grenzgebiet gefahren. Um die Mittagszeit hatten die beiden in einem an einem wunderschönen See gelegenen Dorf in der Nähe des Nationalparks Aukštaitija Rast gemacht. Von einem bewachten Parkplatz waren sie zuerst durch die fast ausgestorbene Dorfstraße gelaufen, auf ungepflasterten, staubigen Wegen vorbei an einem verfallenden ehemaligen sowjetischen Ferienheim und an grauen Häusern mit kleinen, umzäunten Gärten. Auf der Straße begegneten ihnen einige torkelnde junge Männer mit Tüten voller Bierdosen, ein Rentnerehepaar und eine Frau mittleren Alters mit platinblondem Haar. Schließlich gelangten sie an einen Marktplatz mit einem kleinen Supermarkt mit grellfarbigen Werbeplakaten für Coca-Cola und irgendeine Zigarettenmarke und langen Reihen leer stehender Einkaufswagen. Es waren nur ältere Leute dort. Gegenüber dem Einkaufszentrum standen behelfsmäßig zusammengezimmerte Holztischchen, an denen ältere Frauen mit bunten Kopftüchern, Schürzen und nackten Füßen in Holzpantoffeln heimisches Obst und Gemüse feilboten.

Auf dem Tisch einer kleinen, sehr zerbrechlich wirkenden Frau mit vorgebeugtem Rücken lag nur ein Bündel mit fünf winzigen Mohrrüben und einem Strauß Petersilie. Wortlos streckte die Alte mit abgearbeiteten, runzeligen Händen den beiden Besucherinnen Möhren und Petersilie entgegen und nannte erst auf Anfrage den Preis von nur wenigen Centas mit dem Hinweis, sie habe das Gemüse selbst angebaut. Als die Journalistin ihr einen 5-Litas-Schein hinlegte, holte die Frau eine abgeschabte Geldbörse hervor, die sie unter der Schürze verborgen hatte. Nachdem sie diese umständlich geöffnet hatte, fielen ihr lautlos Tränen in das leere Geldfach.

Die Journalistin suchte nun das Gespräch mit der Frau. Sie erfuhr, dass diese Marja hieß und 82 Jahre alt war. Ihren Mann hatte sie im Krieg verloren. Eine Tochter lebte in Kaunas und besuchte sie nur einmal im Jahr. Die ihr meist unpünktlich ausbezahlte Rente reichte knapp für das Notwendigste. Durch den Verkauf der Mohrrüben hatte sie gehofft, etwas Brot und Mehl kaufen zu können.

Die Journalistin bat Marja zu warten, bis sie ihren Geldschein im Supermarkt gewechselt habe. Zurück kam sie mit Brot, Butter, Mehl, Milch, Wurst, Käse und Kaffee. Marja konnte ihr Glück kaum fassen, als die Journalistin ihr den Einkauf sozusagen im Tausch gegen die Möhren überreichte. Weinend und zugleich lachend umarmte sie die fremde Frau, bedankte sich wortreich und küsste ihr die Hände. Da die drei von immer mehr Menschen umringt wurden und Marja wohl zu Recht um das eben erhaltene Geschenk fürchtete, nahm die Journalistin sie am Arm und begleitete sie zu ihrem alten, morsch aussehenden Haus in einem kleinen Garten. Marja öffnete das Gartentor und zog ihre Begleiterinnen zu einem leer geräumten Beet, um zu zeigen, wo sie heute die letzten Mohrrüben geerntet hatte. Als die beiden sich umschauten, fiel ihr Blick in einer Ecke des Grundstücks auf ein in frischem Grün gestrichenes Holzhäuschen mit einem herzförmigen Loch in der Tür. Sie verstanden sofort, dass hier im Garten noch natürlich gedüngt wurde.

Nach einem herzlichen Abschied von Marja und der Weiterfahrt mit dem Auto bereicherten die fünf Mohrrüben am Abend den Speiseplan eines mageren Pferdes auf einer Koppel.

Sintflut zwischen See und Haff

Wir befinden uns inmitten einer ernst zu nehmenden
Klimakrise. Dass dieser Prozess nur langsam voran-
schreitet, ist ein Trugschluss – die unbequeme Wahrheit
ist, dass alles sehr viel schneller geschieht, als wir
wahrhaben wollen.

Al Gore, Eine unbequeme Wahrheit

Zwei Tage vor der Eröffnung des elften Thomas-Mann-
Festivals im Juli 2007 bin ich bei trostlosem Regenwetter
auf dem Flughafen von Kaliningrad gelandet. Ich soll dort von
einem Fahrer abgeholt und über die Grenze nach Nidden gebracht werden. Morgen früh treffe ich mich mit dem in Vilnius
lebenden russisch-litauischen Jazzmusiker Vladimir Tarasov,
um für ein Rezitationskonzert mit Textlesung und Schlag-
zeugspiel im Rahmen des Musikfestivals zu proben. Nach der
langwierigen Passkontrolle nimmt mich ein junger Mann in
Empfang, der sich als Fahrer vorstellt und mir gleich mitteilt,
dass sich die Gepäckausgabe wegen eines technischen Prob-
lems um mindestens eine Stunde verzögere. Er führt mich in
eine riesige, baufällig aussehende Halle und verschwindet wieder. Ich warte eine Stunde, dann eine weitere. Irgendwann im
Lauf der dritten Stunde wird das Gepäck ausgegeben. Nachdem ich meinen Koffer erhalten habe, taucht auch der Fahrer wieder auf. Endlich kann es losgehen. Die Straße ist vom
durchgehenden schweren Regen der vergangenen Tage arg mit-

genommen, wir fahren über Schlaglöcher und durch Pfützen bis zur Grenze und dann nach Nidden, wo ich mein Hotelquartier beziehe.

Am nächsten Morgen erblicke ich im Frühstücksraum jemanden, der nur Vladimir Tarasov sein kann. Er ist es tatsächlich, und wir sind einander auf Anhieb sympathisch. Irena Veisaite, die derzeitige Vorsitzende des das Thomas-Mann-Kulturzentrum leitenden Kuratoriums, hatte bereits im vorigen Jahr unsere gemeinsame Veranstaltung im diesjährigen Festivalprogramm angeregt und dann einen ersten telefonischen Kontakt hergestellt, weil sie das deutliche Gespür hatte, dass wir für eine Festival-Veranstaltung ein ideales Duo abgeben würden. Ich war dann allerdings etwas unsicher, ob ein Rezitationskonzert mit Schlagzeug, an sich ein faszinierend neues Experiment, angesichts der ungewohnten Lautstärke nicht doch ein wenig riskant sein könnte, da mir bei meinen bisherigen derartigen Konzerten nur das Zusammenspiel mit sanfteren Instrumenten wie Violine oder Harfe vertraut gewesen war.

Etwa zwei Stunden später beginnen wir bei sonnigem Wetter mit der Probe auf der offenen, jetzt mit einer großen Schlagzeugbatterie vollgestellten Veranda des Thomas-Mann-Hauses. Die Probe verläuft, nach einer gewissen akustischen Umstellung meinerseits und dem anfangs manchmal zu starken Anheben meiner Stimme beim Lesen, durchaus vielversprechend. Die Vladimir rechtzeitig vorher zugeschickten Texte umfassen sowohl einige sich zwischen Verzweiflung und Hoffnung, Licht und Schatten, Schuld und Vergebung bewegende Stellen aus den letzten Kapiteln von Thomas Manns *Doktor Faustus* als auch eine längere Passage meines Romans *Nachthorn*, in der das Schreckensszenario der letzten Kriegstage in Königsberg geschildert wird. Vladimir zeigt sich bei der

Koordinierung seiner Schlagzeugeinsätze mit meiner Lesung besonders einfühlsam und flexibel.

Am nächsten Morgen, dem Tag der Aufführung, wache ich in meinem Hotelzimmer früh auf. Ich genieße hinter den noch zugezogenen Vorhängen die morgendliche Stille. Doch plötzlich setzt draußen ein gewaltiger Platzregen ein. Ich denke ängstlich an das heutige Konzert im Haus oben. Bald zucken die ersten Blitze, gefolgt von krachenden Donnerschlägen. Das Gewitter scheint innerhalb von Minuten vom Meer heraufgezogen zu sein und ist von einer seltenen Heftigkeit. Nach einer Weile ebbt es kurz ab, schwillt dann jedoch umso heftiger an. Es dauert mindestens eine halbe Stunde. Mitten in diesem elementaren Tosen durchzuckt mich plötzlich ein Gedanke. Sintflut. Dann reihen sich Bilder von den in den letzten Jahren immer häufigeren Überschwemmungen, Tsunamis und Orkanen auf fast allen Kontinenten aneinander. Diese Katastrophen sind auch eine Folge des von uns Menschen beschleunigten Klimawandels. Sind sie gar Vorboten einer neuen Sintflut?

Das Rauschen und Krachen vermittelt mir nur einen vagen akustischen Eindruck. Mit dem Schlagzeug ließe sich das musikalisch sicher gut darstellen, denke ich. Dazu könnten, ausgehend vom biblischen Bericht aus der Genesis und von entsprechenden Stellen im Koran, einschlägige Texte zu Gehör gebracht werden. Da es jedoch nicht nur um die Flutkatastrophe selbst, sondern auch um ihre Ursachen und den Kampf zur Rettung unseres Planeten gehen soll, könnte man außerdem Stellen aus Al Gores Bericht *Eine unbequeme Wahrheit* vortragen. Das Ganze könnte mit einer modernen Version vom Bund Gottes mit Noah nach der Sintflut enden. Wenn Vladimir mit meiner Idee etwas anfangen kann, werde ich als Nächstes einen Text schreiben, wenigstens den Rahmen eines Librettos, ein erstes Grundgerüst. Dann soll Vladimir entscheiden, ob er es bei einer Rezitation nur mit Schlagzeuggestaltung belassen möchte oder ob die Texte mit einem von ihm zu komponierenden Solo- oder Chorgesang vorgetragen werden sollen. Oder aber von mehreren Schlagzeugern oder einem ganzen Orchester. Als eine Art Jazzoper also.

Am späten Nachmittag, nach dem Rezitationskonzert, begeben Vladimir und ich uns hinunter ins Dorf, um noch etwas zu trinken. Nach der gelungenen Veranstaltung unterbreite ich ihm fast euphorisch meinen Vorschlag. Auf die verschiedenen Varianten meiner Idee geht er aufmerksam ein und ermutigt mich, ihm bald einen Text zu schicken, woraufhin wir uns bei einer seiner nächsten Konzertreisen in Deutschland oder der Schweiz zu einer ersten Planungsbesprechung treffen könnten.

Noch am selben Abend sprechen wir mit Irena Veisaite, die sich dieser Tage auf der Kurischen Nehrung aufhält und auch bei unserem Rezitationskonzert dabei war. Sie meint, wir sollten versuchen, unser Projekt im Lauf des übernächsten Jahres 2009 in Vilnius, das dann europäische Kulturhauptstadt sein wird, zur Uraufführung zu bringen.

Am nächsten Morgen trete ich die Rückreise an. Wieder holt mich der Fahrer vom Hotel ab. Kurz nachdem wir losgefahren sind, eröffnet er mir etwas überraschend, dass ihn an der russischen Grenze sein in Kaliningrad lebender Vater ablösen und mich mit seinem eigenen Auto zum Flugplatz bringen werde.

Als ich an der Grenze mit meinem Gepäck in das andere Auto umsteige, fällt mir sofort der beunruhigend schlechte Zustand dieses noch viel älteren Fahrzeugs auf. Auch der Chauffeur wirkt zerstreut und unkonzentriert. Er unterhält sich mit mir hektisch und laut in gebrochenem Deutsch. Nach einer sich erstaunlich lang hinziehenden Fahrt über viele kleine Nebenstraßen erreichen wir schließlich den Flughafen. Dieser kommt mir allerdings auf Anhieb merkwürdig fremd und auch deutlich kleiner vor als bei der Ankunft. Der Fahrer hält an und bedeutet mir, dass er es sehr eilig habe. Nachdem ich ausgestiegen bin und er mir meinen Koffer übergeben hat, fährt er schnell wieder davon. Das Flughafengebäude, das ich gleich betrete, erweist sich als verdächtig menschenleer. Auch alle Schalter in der Eingangshalle sind unbesetzt. Die Schilder verweisen alle auf eine polnische Fluggesellschaft. Wohin soll ich mich bloß wenden, da mein Flug nach Hamburg mit der Aeroflot in einer guten Stunde losgeht?

Mit den schlimmsten Befürchtungen begebe ich mich wieder ins Freie. Auf der breiten asphaltierten Zufahrtsfläche zum Flughafen entdecke ich in der Ferne einen einzigen Mann. Ich renne mit meinem Koffer zu ihm hin und frage ihn auf Englisch nach dem Internationalen Flughafen von Kaliningrad. Nein, dies hier sei ein kleiner, nationaler Flughafen, der Internationale befinde sich ein paar Kilometer weiter drüben, sagt er und deutet mit ausgestrecktem Arm in die entsprechende Richtung über das weite, flache Land. Voller Panik frage ich ihn, wie ich denn um Gottes willen dorthin gelangen solle, und werfe einen verzweifelten Blick auf meine Armbanduhr. Zu Fuß, meint der Mann. Zu Fuß? Ob es denn nicht einen Bus oder ein Taxi gebe, insistiere ich. Der Mann schüttelt den Kopf. Da ich jedoch in der Nähe ein einsames Auto stehen sehe, frage ich ihn kurz entschlossen, ob es ihm gehöre und er mich vielleicht zum richtigen Flugplatz bringen könne, gegen litauische Litas oder Euro, da ich keine Rubel bei mir hätte. Der Mann stimmt zu, nennt mir einen fairen Preis und lässt mich in sein Auto einsteigen. Dann bringt er mich zum Internationalen Flughafen. Ich bin ungeheuer erleichtert, und noch einigermaßen gut in der Zeit.

Die letzte Überraschung besteht darin, dass der Flug verblüffend lange dauert. Nach über zwei statt nur anderthalb Stunden in der Luft wird uns mitgeteilt, leider könne die Maschine nicht wie vorgesehen in Hamburg landen und der Ersatz-Landeflughafen werde so bald wie möglich bekannt gegeben. Nie mehr mit einer russischen Fluggesellschaft über Kaliningrad auf die Kurische Nehrung reisen, denke ich die ganze Zeit aufgebracht, bevor wir mit fast dreistündiger Verspätung in Hannover landen.

Trauma und Versöhnung

Schön bist du, Litauen, verziert mit Wäldern und Seen.
Einen besseren Platz zum Übernachten finde ich nicht.

Eduardas Jonušas, *Hund ist auch Mensch*

N ach rund dreijähriger Pause bin ich, am 2. April 2011,
endlich wieder in Nidden. Gleich nach meiner Ankunft
am Nachmittag – diesmal habe ich wieder die bewährte An-
reise über Palanga und Klaipėda gewählt – unternehme ich einen ersten Erkundungsgang am Haffufer. Bis etwa zur Mitte
der Wasserfläche türmen sich, nach einem harten und langen
Winter, massenweise Treibeisschollen. Es herrschen Nebel und
ungemütliche Kälte. Trotzdem ist es faszinierend, Nidden wieder einmal im kahlen spätwinterlichen Gewand zu erleben und
die vertraute Strecke erneut abzuschreiten.

Ich bin für zwei Tage hergekommen. Zum einen bin ich
morgen zum Gespräch mit dem Maler, Bildhauer und Landes-
kundeforscher Eduardas Jonušas verabredet. Zusammen mit
seiner Frau Vitalija Jonušiene, die nach wie vor das Thomas-
Mann-Museum leitet, lebt er in einem Atelier am Waldrand
unweit der Hohen Düne. Kürzlich habe ich die bewegende Autobiografie *Hund ist auch Mensch* des knapp achtzigjährigen
Wahl-Niddeners gelesen und will das Ehepaar dazu befragen.
Darüber hinaus möchte ich gern erfahren, ob sie schon während der Sowjetzeit Verbindungen zum Thomas-Mann-Haus
hatten. Dies wiederum berührt den zweiten Grund meines Be-

suchs: die durch meine jüngsten Recherchen völlig neu aufge-
worfene Frage nach den Eigentumsverhältnissen des Hauses.

Auf der Fahrt zum Flughafen Kansas City vor einem halben
Jahr hatte ich Professor Guy Sterns Frage nach einer Gedenktafel nicht beantworten können. Anfang Januar dieses Jahres
habe ich Ruth Leiserowitz (vormals Kibelka) bei einem Treffen
in Berlin nach etwaigen Dokumenten gefragt, in denen die Freigabe des Hauses durch meine Familie an die litauische Republik
in den frühen Neunzigerjahren festgehalten sein könnte. Sie
verwies mich an ein ehemaliges litauisches Mitglied des Kuratoriums, das inzwischen in Vilnius lebe. Ein Telefonat mit dem
Betreffenden ergab, dass er nur von einem Telefongespräch in
den frühen Neunzigerjahren zwischen Golo Mann kurz vor
dessen Tod und einem Herrn in Norddeutschland wusste, der
an der geplanten Umwandlung des Hauses in ein Museum und
Kulturzentrum beteiligt gewesen war. Wegen etwaiger schrift-
licher Dokumente verwies er mich an das Archiv des Niddener
Hauses bzw. an Vitalija Jonušiene. Von dieser bekam ich bald
die Antwort, dass eine Schenkung nirgends schriftlich festgehalten sei und es auch keinen Nutzungsvertrag gebe. Daraufhin schlug ich ihr per E-Mail vor, bei meinem nächsten bal-
digen Besuch in Nidden den Abschluss eines notariellen Nut-
zungsvertrages nachzuholen, um den rechtsfreien Raum zu
beenden und potenziellen unangemessenen Besitzansprüchen
seitens einzelner Erben einen Riegel vorzuschieben. Bald danach erhielt ich aus Nidden zwei weitere, etwas verwirrende
Mitteilungen. Die eine bestand in der Antwort der Kommunalverwaltung der Kurischen Nehrung auf eine Anfrage des
Thomas-Mann-Hauses und besagte, das Haus sei Eigentum
der Kommunalverwaltung. In der anderen zitierte die deutsche Botschaft in Vilnius einen Gesetzestext der litauischen
Republik aus dem Jahr 1997, wonach eine Rückübertragung

der während der kommunistischen Zeit in Litauen enteigneten Vermögenswerte lediglich zugunsten litauischer Staatsbürger vorgesehen sei. Damit hatte nach meiner Einschätzung die Frage nach der Hauseigentümerschaft über rein eigentumsrechtliche Aspekte hinaus auch eine völkerrechtliche Dimension angenommen. Deshalb wandte ich mich als Nächstes brieflich an die deutsche Bundesjustizministerin. Diese bestätigte mir in einem persönlichen Antwortschreiben den Inhalt des litauischen Gesetzestextes, fügte jedoch noch einen interessanten, ergänzenden Sachverhalt hinzu: In der »Theresienstädter Erklärung« einer Prager Konferenz über Holocaust-Vermögenswerte im Juni 2009 und in zusätzlich verabschiedeten Leitlinien dazu wurden die Teilnehmerstaaten, darunter auch Litauen, aufgefordert, vom NS-Regime entzogene Immobilien an die ursprünglichen Eigentümer bzw. deren Erben zurückzugeben oder eine angemessene Entschädigung zu zahlen. Bei der »Theresienstädter Erklärung« und den Leitlinien handle es sich allerdings, so schloss die Ministerin ihr Schreiben, um rechtlich unverbindliche Dokumente politischer Natur. Trotzdem stehe es mir frei, mich gegenüber der litauischen Regierung darauf zu berufen.

Nach all diesen Informationen ist mir vor meinem heutigen Abflug nach Litauen immer deutlicher geworden, dass mittlerweile, nach fünfzehn Jahren erfolgreichen internationalen Wirkens des Thomas-Mann-Kulturzentrums im Geiste seines Schirmherrn Thomas Mann, die Frage nach einer Rückübertragung im Grunde hinfällig geworden ist. Nach der von der Ministerin erwähnten »Theresienstädter Erklärung« bestand die Alternative in einer entsprechenden »Entschädigung«. Aber mir wurde klar, dass der jahrzehntelange aufwendige und erfolgreiche Wiederaufbau des Hauses und dessen kulturelle Nutzung durch engagierte litauische Intellektuelle mit Unterstützung der Regierung schon lange vor der Zentrumsgründung den Wert einer solchen »Entschädigung« weit übertraf. Außerdem konnte ich inzwischen nochmals nachlesen, dass Thomas Mann selbst sich während seines Gesprächs mit dem Schriftsteller Antanas Venclova 1955 in Weimar über die Pläne für die Renovierung und die Gedenkstätte freute, dabei jedoch keinerlei Interesse an einem Besuch dort oder gar an einer Rückübertragung erkennen ließ.

Nach Abwägung all dieser Gesichtspunkte neige ich dazu, von weiteren behördlichen Nachfragen oder gar Forderungen abzusehen und stattdessen die mündlichen Willensbekundungen Thomas und später Golo Manns als indirekte Verzichtserklärung zu deuten. Das für übermorgen vorgesehene Treffen mit dem Bürgermeister der Nehrung würde sich anbieten, um diesen Verzicht verbindlich auszusprechen. Um ganz sicherzugehen, möchte ich noch das morgige Gespräch mit Eduardas und Vitalija Jonušiene abwarten und mich dann endgültig entscheiden.

Inzwischen bin ich auf meinem Spaziergang bei dem heute tief in den Nebel hineinstechenden Betonsteg schräg gegenüber der Kirche von Nidden angelangt, den ich so oft im Sommer betreten habe. Zwischen dem Steg und den dicken Treibeisbrocken hat sich eine schmale Wasserrinne gebildet, welche die dort ziemlich zahlreich landenden Möwen als Bremsweg nutzen. Ich durchmesse den Steg bis an sein Ende, das ebenfalls von dickem Eis bedeckt ist. Dann kehre ich um und laufe am Ufer entlang weiter, vorbei an dem inzwischen zu einem Museum restaurierten ehemaligen Gasthof Blode bis zu der zum Thomas-Mann-Haus hochführenden Holztreppe. Der mit einer blauen Plastikplane bedeckte Tisch davor, auf dem im Sommer Bernstein zum Verkauf ausliegt, ist nackt und fühlt sich kalt an. Zurück zur Hafenmole folge ich jetzt etwas abseits vom Haff ein Stück weit dem Weg, den ich vor bald vierzehn Jahren erstmalig gegangen bin, damals in die Gegenrichtung zum Haus. An dem Sammelsurium von Baustilen der die Straße säumenden Häuser hat sich seitdem nichts geändert. Mir fällt zum ersten Mal auf, dass der sozialistische Betonbaustil und die hölzerne Struktur der alten Fischerhäuser an dem einen oder anderen Haus sogar miteinander verbunden wurden. Auf der Höhe der Kirche begebe ich mich wieder zum Haffufer und beende meinen Gang an der Mole. Die Massen an Eisbrocken, die sich hier noch vor einer halben Stunde türmten, sind inzwischen unsichtbar weit ins Haff hinausgetrieben worden.

Am nächsten Tag hat der kalte Nebel der Sonne an einem strahlend blauen Himmel Platz gemacht. Um elf Uhr vormittags fährt mich Uwe Bernd Meyer, der mich auch gestern mit dem Auto in Palanga abgeholt hat, zum Atelier von Eduardas Jonušas. Herr Meyer wohnt schon seit mehreren Jahren mit seiner litauischen Frau im benachbarten Preila, nachdem er jahrzehntelang als Anwalt und Notar auf Fehmarn die Städtepartnerschaft zwischen der Ostseeinsel und der Kurischen Nehrung aufgebaut hatte und mit seiner Frau hin- und hergependelt war. Jetzt fungiert er im Thomas-Mann-Haus gelegentlich als juristischer Berater. Er wird sowohl bei dem Gespräch im Atelier als auch beim morgigen Treffen mit dem Bürgermeister dabei sein.

Von meiner Frühstückspension aus machen wir mit dem Auto zuerst einen kurzen Abstecher über die Straße hoch auf die Parnidener Düne. Ich bin erneut fasziniert vom fantastischen Rundblick über Ostsee, Haff und Land auf der litauischen und der russischen Seite. Die Hohe Düne ist, wie mir gesagt wird, in den vergangenen Jahren wieder um ein kleines Stück abgesunken, und das riesige, in Wellen zum Haff abfallende »Tal der Stille« ist jetzt überall mit Spuren nachwachsenden Grases besprenkelt. Über uns ziehen Scharen von aus dem Süden zurückkehrenden Wildgänsen im Gleitflug in V-Formation, und von etwas weiter südwärts zur russischen Grenze hin ist das Krächzen der Kraniche zu hören.

Als wir unten im Tal vor dem Atelier parken, kommt uns Vitalija Jonušiene entgegen. »Heute ist richtiges Osterwetter«, ruft sie uns beglückt zu und führt uns ins Haus.

Vorbei an den in einem Regal abgestellten, verstaubten Überresten eines Klaviermanuals im Eingangsbereich betreten wir einen halbdunklen großen Raum im Erdgeschoss. Hier hängen zahlreiche schwach angeleuchtete, vom Hausherrn gemalte farbenstarke Gemälde mit viel Meer und Dünen. Als Nächstes steigen wir die Treppe hoch in den Wohntrakt. An der dortigen Holzwand sind völlig andersartige Bilder eng aneinandergereiht. Zum Teil sind es die gleichen wie auf den ersten 30 Seiten von Eduardas' Autobiografie: erschreckende, grelle Motive von Massentod, Gewalt, Blut, Feuer und brutaler Uniformität aus Stalins Archipel Gulag. Auf einem breiten Sofa unter dem Fenster entdecke ich Eduardas, der seit unserer letzten Begegnung vor vielen Jahren müde und deutlich gealtert aussieht. Doch aus seinem blassen, zerfurchten Gesicht unter grauem Haar blicken mir hellwache Augen entgegen. Nach der Begrüßung nehme ich in einem bequemen Sessel ihm gegenüber Platz, mit Blick durchs Fenster auf die wilde, sonnenbeschienene Landschaft. Vitalija und Uwe Bernd Meyer setzen sich neben Eduardas. Als Erstes zeige ich dem Künstler mein antiquarisch erworbenes Exemplar seiner Autobiografie *Hund ist auch Mensch,* das er 2001 mit einer Widmung und einem darüber gezeichneten Hundekopf versehen hat. Inzwischen ist auch die stellvertretende Bürgermeisterin der Kurischen

Nehrung eingetroffen, die bei unserem Gespräch dolmetschen wird. Alle Anwesenden wirken untereinander eng vertraut.

Mit einer Vertiefung der in seinem Buch dargestellten Details seiner traumatischen Kindheit und Jugend in Litauen und Deutschland im Krieg und in der Nachkriegszeit und der fünfjährigen Haft in sibirischen Arbeitslagern in den frühen Fünfzigerjahren will ich Eduardas nicht quälen. Es geht mir vor allem um seine jahrzehntelange Beziehung zur Nehrung. Dafür ist mir der biografische Hintergrund trotzdem wichtig. Beim Lesen der Autobiografie ist mir aufgefallen, dass Eduardas' Bericht alle paar Seiten, oft gerade bei einer besonders schrecklichen Szene, unterbrochen wird von einer kurzen, kontrastierend zärtlichen Ansprache an einen Bach, symbolisch für die heile und heilende Welt der Natur, die ihm, zusammen mit seinem erfüllenden künstlerischen Schaffen, immer wieder Frieden gebracht hat.

Eduardas spricht sehr wenig. Vitalija erzählt weitgehend an seiner Stelle. Gleich zu Beginn stellt sie einen Zusammenhang zwischen Gegenwart und Kindervergangenheit her. Während Eduardas' erster Bilderausstellung auf Fehmarn vor einigen Jahren, erzählt sie, sei ein hochgewachsener Mann, älter als er, auf ihn zugekommen. Er habe sich zu erkennen gegeben als ehemaliger Wachsoldat im Gefängnis der weißrussischen Stadt Grodno nahe der litauischen Grenze, in dem der dreizehnjährige Eduardas festgehalten worden war, nachdem Grenzsoldaten den zu Kriegsende mutterseelenallein in seine litauische Heimat zurückstrebenden Jungen aufgegriffen hatten. Im Gefängnis hatte er eine Zeit des Elends und des Hungers durchleiden müssen. »Ich weiß ... du bist der kleine Junge von damals gewesen, dem ich ein Stückchen Brot und einen Löffel Brei zu essen gegeben habe«, habe jener Ausstellungsbesucher ihm über 60 Jahre später auf den Kopf zugesagt. Nach seiner Flucht beim Abtransport aus dem Gefängnis nach Russland und etlichen Torturen erreichte der Junge schließlich das Haus seiner Großeltern auf dem litauischen Land und traf dort endlich seine Mutter wieder, während der Vater in den Wirren zu Kriegsende endgültig verloren gegangen zu sein schien und auch nie wiederauftauchen sollte. Mit der Mutter zog Eduardas zwei Jahre später in das vom Krieg schwer heimgesuchte Klaipėda um, wo er zur Schule ging. Damals lernte er die Kurische Nehrung kennen, wohin sowjetische Soldaten den Fünfzehnjährigen einmal inkognito auf einem Lastwagen durch das militärische Sperrgebiet bis nach Nidden mitnahmen. Er war überwältigt von dem, was er sah: vom Haff mit den Kurenkähnen mit ihren Leinensegeln und bunt bemalten Wimpeln, von den Dünen und den diese wie ein weißes Laken überdeckenden Möwen, die aufgeschreckt in die Höhe flatterten, wenn er in die Hände klatschte, vom Sand, in dem er wie ein Verrückter herumtollte, und schließlich, kurz vor der Rückfahrt mit dem Militärlastwagen, vom Kurenfriedhof unterhalb der verschlossenen Fischerkirche, bei dessen Besichtigung es ihm so vorkam, als flüsterten die sich aneinanderlehnenden hölzernen Grabdenkmäler ihm Trost zu. Man sieht ihm auch jetzt bei der angedeuteten Wiedergabe seiner Erlebnisse in wenigen Worten noch an, dass er schon früh diesen Erdflecken mit jeder Zelle seines Körpers als Inbegriff der Freiheit und des Glücks in sich aufgenommen hat.

Nach diesem ersten aufwühlenden Erlebnis sollte Eduardas die Kurische Nehrung erst zehn Jahre später als junger Mann wiedersehen. Dazwischen lagen fünf Jahre schlimmste Zwangsarbeit in Sibirien.

1951 wurde er als Neunzehnjähriger zum Wehrdienst in Sibirien eingezogen. Kurz danach deckte der KGB die Emigration seiner Familie 1941 aus Litauen nach Deutschland bis

Kriegsende auf, und er wurde wegen antisowjetischer Agitation als »Spion« zu 25 Jahren Gefängnis und 5 Jahren Verbannung verurteilt. Es folgten Jahre voller Demütigungen und Entbehrungen zuerst in einem sibirischen Gefängnis und dann in verschiedenen Arbeitslagern, wo er unter anderem beim Bau einer Teilstrecke der Transsibirischen Eisenbahn eingesetzt wurde. Als Rettung erwies sich seine von den Lageroffizieren entdeckte Begabung als Zeichner und Maler, die ihm diverse Aufträge einbrachte – auch für Bilder, aber mehrheitlich für Tätowierungen auf der Haut seiner Peiniger. Fünf Jahre später wurde er entlassen, aber ohne Amnestie, sondern auf einer »Prüfliste« stehend, was andauernde Kontrollen und Durchsuchungen nach sich zog. Er kehrte nach Klaipėda zu seiner Mutter zurück und arbeitete dort als Beleuchter an einem Theater, als Elektriker und als Architekt. Und wieder verschaffte er sich Zugang zu der von ihm so lange vermissten Kurischen Nehrung, erneut bis nach Nidden – diesmal im Schlepptau einer Gruppe von Segelfliegern mit Sondergenehmigung.

Dieser zweite Aufenthalt war von tiefen Schatten überlagert. Zwölf Jahre militärische Absperrung der Nehrung seit Kriegsende hatten gravierende Spuren hinterlassen. Gleich zu Anfang zog es ihn wieder zur evangelischen Fischerkirche und zum Friedhof von Nidden, wo er sich Beruhigung für seine Seele erhoffte. Zu seinem Entsetzen fand er den Friedhof jedoch völlig verwüstet vor, mit zerschlagenen Metallkreuzen und verschwundenen hölzernen Grabdenkmälern. Nicht anders sah es in der Kirche aus, deren Tür er nur mit größter Mühe zu öffnen vermochte. Drinnen bot sich ihm ein Bild von schrecklichem Vandalismus. Von den Bänken, der Orgel und dem Altar waren nur noch Splitter übrig. Dieses Bild des Grauens inmitten des Naturparadieses der Nehrung erschütterte ihn zutiefst. Im Dorf unten erfuhr er, dass diese Zerstörungen das Werk eines Lehrers waren, der mit seinen Pionieren wie wütende Raubtiere die Überbleibsel des Bürgertums und des kurischen Lebens mit allem, was den Kuren heilig war, hatte vernichten wollen, um ein neues Leben aufzubauen. Bald entdeckte Eduardas, dass auch die alten Kurenkähne verschwunden waren. Die sowjetischen Behörden hatten sie im Haff versenkt. Am Morgen danach bestieg er mit den Segelfliegern die Düne und beobachtete fasziniert ihren Gleitflug. Bei seinen dadurch angeregten Flug- und Freiheitsfantasien gelang es ihm, das Bild der geschändeten Kirche für einen Augenblick zu vergessen.

Nach wie vor fühlte er sich von Nidden magisch angezogen und war, wie er jetzt nochmals bestätigt, innerlich schon so eng mit dem Ort verbunden, dass er sich regelrecht für die hier begangenen Untaten schämte, sich daran mitschuldig fühlte und gelobte, etwas Aufbauendes zu verwirklichen, das schon lange gedanklich in ihm heranreifte.

Wie es dazu kam, dass er, wiederum gut zehn Jahre später, ganz auf die inzwischen wieder frei zugängliche Nehrung zog, wie es ihm dort erging und auch, ob er damals schon etwas von der kulturellen Nutzung des sukzessiv wieder aufgebauten Thomas-Mann-Hauses mitbekommen hat, will ich natürlich genauer von ihm wissen.

Während der Sechzigerjahre fuhr Eduardas immer wieder von Klaipéda auf die Nehrung und suchte in Museen und privaten Sammlungen nach ethnografischem Material. In Nidden verbrachte er ganze Monate mit Zeichnen und Fotografieren, unter anderem von Kurenkahnwimpeln und kurischen Holzgrabdenkmälern, und bereitete die Veröffentlichung der Bilder in einem Kunstbuch vor. Später restaurierte er den Friedhof von Nidden. Dafür erhielt er immer unverhohleneren Zuspruch von den aufgeschlosseneren Mitgliedern des sowjetischen Parteiapparats. Der stellvertretende Kulturminister und der Bürgermeister von Klaipėda setzten sich dafür ein, dass er in Nidden in einem Keller ein Atelier bekam, in dem er auch wohnen konnte. Später zog er in das Wohnatelier am Waldrand um, in dem wir jetzt unser Gespräch führen.

Nun frage ich Vitalija, wie und wann sie nach Nidden gekommen ist. Sie sei bereits kurz nach der Öffnung der Nehrung Anfang der Sechzigerjahre auf einer Urlaubsreise auf dem Weg von Palanga nach Kaliningrad dort gewesen und habe das notdürftig wieder aufgebaute Thomas-Mann-Haus entdeckt, in dem jetzt junge Facharbeiter wohnten. Fast zehn Jahre später erhielt sie von ihrem Arbeitgeber, dem sowjetisch-litauischen Kulturministerium in Vilnius, den Auftrag, in Kaliningrad nach früheren ostpreußisch-deutschen Namen zu recherchieren. Dort lernte sie Eduardas kennen, der gerade Malerarbeiten für das Militärkommissariat zu erledigen hatte. Nach einem sich etwa über ein Jahr erstreckenden intensiven Briefkontakt zog Vitalija zu ihm auf die Kurische Nehrung, und sie heirateten.

Ich blicke auf die Uhr und kann kaum fassen, dass wir schon bald drei Stunden hier sitzen und sprechen. Nun muss ich möglichst rasch meine letzte, mir besonders wichtige Frage loswerden. Denn Eduardas sieht angestrengt und müde aus und sitzt inzwischen leicht angelehnt an seine Frau.

Also rekapituliere ich kurz, dass das Thomas-Mann-Haus 1967 als Filiale der Stadtbibliothek von Klaipėda und als eine private Gedenkstätte für Besucher geöffnet wurde und damit auch erste kulturelle Veranstaltungen dort stattfanden. Bei diesem Stichwort richtet sich Eduardas wieder auf, und seine Augen scheinen mir etwas Wichtiges sagen zu wollen. Vitalija berichtet für ihn, dass in der kommunistischen Zeit ein bedeutsamer Unterschied bestand zwischen dem Thomas-Mann-

Bild der sowjetischen Behörden und dem der litauischen Besucher des Hauses. Für die Behörden war der Schriftsteller vor allem ein Antifaschist gewesen, für dessen Persönlichkeit und literarisches Wirken sie kein wirkliches Interesse hegten. Aufgrund des besonderen politischen Bonus eines immerhin deutschen Schriftstellers war dessen Haus nicht nur vor dem Abriss bewahrt und wieder aufgebaut worden, sondern durfte nur wenige Jahre nach der Öffnung der Nehrung sogar kulturell genutzt werden.

Für die Bürger, die diesem Angebot folgten, stellte sich die Sache ganz anders dar. Sie interessierten sich nicht nur brennend für Leben und Werk Thomas Manns, sondern machten bei ihren Zusammenkünften im Haus oder auf der Terrasse auch Gebrauch von der freien Rede, die ihnen sonst in der Öffentlichkeit verwehrt blieb. Sie hatten anscheinend den Eindruck, dass dieses Haus des »Antifaschisten« frei war von Abhöranlagen, und sie fühlten sich deshalb dort sicher wie auf einer Insel inmitten der kommunistischen Diktatur. Es fanden Lesungen und Gesprächskreise statt. Der Schriftsteller Antanas Venclova kam aus Vilnius und der litauische Journalist Leonas Stepanauskas aus Ost-Berlin. Und es ging nicht nur um die Person Thomas Manns, sondern auch allgemein um Themen in dessen Geist. Eduardas und Vitalija waren seit den Siebzigerjahren bei allen Treffen im Haus dabei, auch nach 1987, als das Haus für die ersten westlichen Besucher zugänglich wurde und ein eigens eingesetztes Komitee offizielle Seminare mit führenden litauischen Literaten, Philosophen und Künstlern organisierte.

Jetzt schaltet sich die bisher ausschließlich dolmetschende stellvertretende Bürgermeisterin ein.

»Ich bin damals als Studentin auch immer dabei gewesen«, sagt sie emphatisch, fast nostalgisch. »Es war unglaublich, dass dort, und nur dort, ein Raum für das ungehindert freie Wort war. Wir alle haben richtig aufgeatmet. Wir konnten Dinge sagen, für die man sonst ins Gefängnis kam oder ins ›Gelbe Haus‹, die Psychiatrie, wo Dissidenten mit schwerkalibrigen Psychopharmaka mundtot gemacht wurden. Das war eine einmalige Zeit«, schwärmt sie, als käme sie gerade erst von einem der Seminare. »Wir diskutierten mit den damaligen Exponenten der Philosophie und Politologie und mit führenden Historikern – die später fast alle Mitglieder der Unabhängigkeitsbewegung Sajudis wurden, und es wurden dort, besonders dann in der Phase der Perestroika, erste gedankliche Entwürfe einer neuen demokratischen Ordnung in einem zukünftigen, freien Litauen verfertigt.«

Mir wird klar, welche Doppelrolle der janusköpfige, der nicht Entweder-oder-, sondern Sowohl-als-auch-Thomas-Mann gerade in diesem Haus posthum spielte. Für die sowjetischen Machthaber war er ein Antifaschist, für die Unterdrückten aber ein Humanist und Repräsentant eines freien Europas und damit den für ihre Unabhängigkeit kämpfenden Litauern ein Vorbild. Was für ein Mut, was für eine geistige Lebendigkeit in diesem Haus und diesem Landstrich schon in den frühen, schweren Zeiten herrschten!

Und es passt dazu, dass auch der an all diesen stärkenden Begegnungen beteiligte Eduardas Jonušas, seit jeher ein gegen kommunistische Willkür aufbegehrendes Opfer, sich Mitte der Achtzigerjahre der Sajudis-Bewegung anschloss und sogar beim Vilniusser Blutsonntag im Januar 1991 dabei war, als, fast ein Jahr nach der Ausrufung der freien litauischen Republik, Moskau-treue Kräfte sich mit Unterstützung sowjetischer Militärs zurück an die Macht zu putschen versuchten und dabei unbewaffnete Zivilisten verletzten und töteten, dann aber endgültig aufgeben mussten.

Inzwischen ist Eduardas Ehrenbürger der Kommune Neringa (Nehrung) geworden. Bis vor einiger Zeit war er künstlerisch sehr produktiv. Allmählich hat seine Malaktivität jedoch nachgelassen, zugunsten eines zunehmend beschaulichen Lebens. In seiner Autobiografie heißt es: »Nochmals spürte ich, wie tief die Wurzel des Kuren ist, wie stark er mit diesem Land verbunden ist und wie er dieses Land liebt ... Ich glaube, dass die Alteingesessenen es mir nicht übel nehmen, wenn ich sie Kuren nenne. Damit will ich meinen Dank denen gegenüber äußern, die hier geboren wurden, hier gealtert und mit diesem Land zusammengewachsen sind, die nicht vermochten, sich selbst zu entwurzeln.«

Als ich mich nach dem Gespräch verabschiede, begleitet man mich unten im Erdgeschoss zu einer Hintertür des Ateliers, weil ich in der Nachmittagssonne durch den Wald direkt zum Ostseestrand laufen möchte.

Der Besuch in Eduardas' Atelier hat mir meine letzten Zweifel genommen. Morgen werde ich dem Bürgermeister erklären, dass ich im Namen meiner Familie definitiv auf eine Rücküberführung des Hauses verzichte. Ich empfinde es als Geschenk, dass ich Jahrzehnte nach dessen Wiederaufbau und dessen kultureller Nutzung im Namen von Freiheit und Humanität bereits in der früheren Phase sowjetischer Unterdrückung Zeitzeugen dieses mutigen Wirkens habe sprechen können. Diese Menschen haben sich um das Haus verdient gemacht und es auf diese Weise der früheren Eigentümerfamilie symbolisch zurückgegeben. In diesem Sinne äußert sich auch Katia Mann bereits in einem Brief vom 10. Februar 1961 an Stephan Hermlin. Ich denke, es ist höchste Zeit, diese Akte mit einer entsprechenden offiziellen Erklärung zu schließen.

Der Strand ist zu dieser Jahreszeit trotz der strahlenden

Sonne fast menschenleer. Ich steige bei einem der geschlossenen Strandcafés auf der Dünenspitze die Holztreppe hinunter und laufe auf dem schneeweißen feinen Sand bis zum Ufer der heute sehr ruhigen Ostsee. Von hier aus bin ich all die vergangenen Jahre immer, nach einem kurzen scheuen Blick zum Wachturm an der russischen Grenze wenige Kilometer südlich, in die Gegenrichtung beliebig weit in litauisches Gebiet spazieren gegangen. Nicht nur seinerzeit beim Gang mit den Brasilianern durch den dunklen, weglosen Wald in den späten Neunzigerjahren, auch sonst ist es unterschwellig jedes Mal eine irrationale kleine Angstpartie gewesen, so nah an dieser Grenze vorbeizulaufen. Heute beschließe ich kurzerhand, den Bann zu brechen. Ich blicke wieder zum besagten russischen Wachturm. Dann marschiere ich los, auf dem am Ufer von der Meeresbespülung gehärteten Sandboden, auf ihn zu.

Je länger ich laufe und je mehr mir der Wachturm entgegenwächst, desto weniger Menschen bevölkern den Strand, und auch die Dünenaufgänge werden immer ungepflegter und wilder. Als ich nach einer halben Stunde schon ziemlich nah am Wachturm die Umrisse von im Sandboden steckenden Holzpfählen erkenne, gehe ich an einem in der Nähe des Wassers sitzenden jungen Mann vorbei, der mich neugierig mustert. Wegen seiner militärisch aussehenden Kleidung verunsichert mich seine Gegenwart zunächst, bis ich merke, dass er nur ein ausrangiertes Militärhemd, wahrscheinlich aus der litauischen Armee, trägt und eine Fischerrute neben sich liegen hat. Noch etwas weiter vorn stehen einige Männer in grüner Gummikleidung reglos bis zur Brust im Wasser und angeln in dem an der Grenze anscheinend recht fischreichen Gewässer. Bald zeigt sich, dass die Holzpfähle vor mir wirklich Grenzpfähle sind. Der Turm ist jetzt gerade noch so weit entfernt, dass ich nicht erkennen kann, ob jemand darin Wache hält. Die drei

Pfähle sind mit einem am Fuß der Düne beginnenden Stacheldraht verbunden, der erst kurz vor dem Ufer endet. Am mittleren Pfahl ist ein Schild angebracht, auf dem STOP und auf Litauisch STOK steht, außerdem STAAT-GRENZE auf Deutsch, Litauisch und Russisch. Ich gehe bis zur Absperrung und blicke mich kurz um. Dann betrete ich zuerst mit einem Fuß und danach mit dem anderen in höchstens zehn Zentimetern Entfernung von der Grenze und kaum mehr als eine Sekunde lang russisches Territorium. Wieder sicher zurück auf litauischem Gebiet, inspiziere ich kurz meine Fußabdrücke auf russischem Sand wie eine Trophäe. Dann drehe ich mich um und trete den Rückweg an.

Am nächsten Vormittag begebe ich mich zum Rathaus. Schon von Weitem ist die kürzliche grundlegende Renovierung des Gebäudes erkennbar. Die Fassade prangt in frischem Weinrot, und im Eingangsbereich blitzen dem Besucher überall Glas und Chrom entgegen. Bald treffen auch Vitalija Jonušiene und Uwe Bernd Meyer ein. Wir steigen die Treppe hoch und klopfen an die Tür der stellvertretenden Bürgermeisterin, die uns in die Amtsräume des Bürgermeisters begleiten wird. Vorher zeigt sie mir noch rasch einen für das Gespräch wichtigen Eintrag im Grundbuch der Kommune. Dort kann ich schwarz auf weiß nachlesen, dass Thomas Manns ehemaliges Sommerhaus 1956 als litauisch-sowjetisches Eigentum auf der Kurischen Nehrung eingetragen wurde. Ich bin erleichtert zu sehen, dass nicht erst die unabhängige litauische Republik die sowjetische Konfiszierung nach dem nationalsozialistischen Raub sozusagen wie eine dritte Enteignung nach 1990 bestätigt hat, sondern dass dies bereits offiziell kurz nach der Identifizierung der Kriegsruine als Thomas Manns Sommerhaus und im Zuge von dessen Wiederaufbau in der frühen Sowjetzeit erfolgt ist. Damit weiß ich noch genauer, was ich dem Bürgermeister sagen und wie ich ihn beschwichtigen kann. Denn wie ich schon vorgestern bei meiner Ankunft hörte, hatte Vitalija Jonušiene mit ihrer vor Wochen an die Kommunalverwaltung gerichteten Frage nach den Eigentumsverhältnissen des Hauses ein wenig Verunsicherung, ja Irritation hervorgerufen, weshalb auch das heutige Gespräch mit dem Bürgermeister anberaumt wurde.

Schräg gegenüber werden wir jetzt in den Raum geführt, in dem wir auf den Bürgermeister warten sollen. Auch dieser Raum ist im Vergleich zu meinen Erfahrungen während meines ersten Besuchs hier vor rund dreizehn Jahren modern und elegant eingerichtet. An einer Wand hängt die Amtskette des Bürgermeisters. Bald trifft dieser ein, und unser Gespräch, bei dem seine Stellvertreterin wieder als Dolmetscherin fungiert, kann beginnen.

Zunächst erläutere ich dem Bürgermeister den literarischen Hintergrund der neu aufgeworfenen Frage nach den Eigentumsverhältnissen des Thomas-Mann-Hauses. Ich sage ihm, dass bald ein Buch von mir über Nidden und die Kurische Nehrung als einen meiner Lieblingsorte am Meer erscheinen wird. Nach dieser Eingangserklärung hellt sich das Gesicht des anfangs noch etwas förmlich verhalten und abwartend wirkenden Bürgermeisters merklich auf. Jetzt versuche ich ihm verständlich zu machen, dass zur Geschichte des Hauses in meinem Buch auch dessen Zwangsenteignungen gehörten. Dabei sei nach Thomas Manns unausgesprochenem Verzicht auf die Rückübertragung nach dem Krieg und Golo Manns nur mündlicher Befürwortung der Nutzung für kulturelle Zwecke die Eigentümerfrage bisher offengeblieben. Angesichts des bleibend großen internationalen Interesses an dem Haus sollte diese Frage jedoch unbedingt geklärt werden. Deshalb sei ich heute hier, um als Nachlassverwalter und Sprecher der Familie deren bisherigen Verzicht auf eine Rückführung ein für alle Mal zu bestätigen. Damit ist das Eis gebrochen. Als weiterhin erfreulich wertet der Bürgermeister meinen Wunsch, diese Erklärung auch der Öffentlichkeit zugänglich zu machen – nicht nur durch mein Buch, sondern für die Tausende alljährlichen Besucher darüber hinaus mit einer Informationstafel am Haus. Schließlich kann ich dem Bürgermeister die Mitteilung machen, dass der Thomas-Mann-Förderkreis in München bei der öffentlichen Präsentation der neuen Tafel auch gern mit einem Vertreter anwesend wäre. Meinen Hinweis, ich würde rechtzeitig auch wegen einer Beteiligung der Thomas-Mann-Städte Lübeck und Zürich und der Anwesenheit von Vertretern aus ihren Reihen anfragen, interpretiert der Bürgermeister richtig als einen Brückenschlag zwischen Ost- und Westeuropa, den sich das Thomas-Mann-Haus, die Kurische Nehrung und Litauen mehr als verdient haben.

Zuletzt schlägt Vitalija Jonušiene vor, dass während der nächsten Herbstsitzung des Thomas-Mann-Kuratoriums der Wortlaut jener Tafel formuliert werden solle. Daraufhin verabschiedet uns der Bürgermeister sichtlich erfreut über das Ergebnis des Gesprächs.

Am Abend bin ich, zusammen mit Vitalija Jonušiene, bei Uwe Bernd Meyer im Nachbarort Preila zum Essen eingeladen. Er holt uns mit dem Auto ab und bringt uns in das Zweihundertseelendorf. Sein Haus liegt direkt am Haff, das man vom Wohn- und Esszimmer aus überblicken kann. Seine Frau Raimonda hat für uns alle ein köstliches Wildlachsgericht zubereitet.

An diesem letzten Abend meines Besuchs möchte ich mir unbedingt noch eine Vorstellung davon machen, welche Zukunftsperspektiven hier lebende Menschen ihrem eigenen Land und vor allem der hiesigen Region geben.

Zunächst will ich von meinen Gesprächspartnern wissen, inwieweit sie der besorgniserregenden Bestandsaufnahme der Journalistin zustimmen, die mich seit meiner Unterhaltung mit ihr vor einigen Jahren häufig beschäftigt. Es stellt sich heraus, dass alle drei die Einschätzung der Frau im Wesentlichen teilen.

»Eines der Grundübel ist der Aderlass an gut ausgebildeten, intelligenten jungen Menschen – Handwerkern wie Intellektuellen –, die wegen der besseren Berufs- und Verdienstmöglichkeiten im westeuropäischen Ausland scharenweise dorthin auswandern«, meint Raimonda. »Ein Teil des dort verdienten Geldes fließt zwar an die zu Hause gebliebenen Familien zurück, unter anderem für eine gehobene Ausbildung der Kinder. Ein Teil der Hiergebliebenen nutzt das Geld auch entsprechend, aber viele rücken irgendwann ebenfalls ins Ausland nach.«

Auf meine Frage nach der Rückwanderungsquote nach dem wirtschaftlichen Einbruch auch in Westeuropa vor einigen Jahren reagieren die drei nur mit betrübtem Kopfschütteln. Diese Rückwanderung scheint minimal gewesen zu sein, und nach der wirtschaftlichen Erholung der westlichen Länder kam sie fast ganz zum Erliegen. Dazu kommen noch die sinkenden Geburtenzahlen. Litauen hat inzwischen nur noch knapp über drei Millionen Einwohner, gegenüber der vorherigen Volkszählung von 2001 um mehrere Hunderttausend reduziert. Im Gegensatz zu denen, die ausgewandert sind und so für sich und ihre Familien sorgen können, verharren die im Lande Gebliebenen zu großen Teilen in Hoffnungslosigkeit, Depression und Alkoholkonsum.

Ich spreche daraufhin den politischen und historischen Aspekt dieses Übels an und frage, inwieweit heute nicht auch der litauische Staat und die Europäische Union lindernd eingreifen. Uwe Bernd Meyer weiß sofort dagegen anzuführen, dass der litauische Staat trotz der mittlerweile siebenjährigen Zugehörigkeit zur EU unter erheblichen finanziellen Engpässen leide.

»Diese Engpässe ziehen drastische Einschränkungen der Familienförderung und – man stelle sich dies angesichts der ohnehin winzigen Renten vor – noch weitere Kürzungen der Altersbezüge nach sich«, sagt er. »Brüssel hilft zwar viel mit Geld und Projekten. Aber das Entscheidende ist, dass die Menschen hier mehr versuchen müssten, ihr Schicksal gegen alle Hindernisse selbst in die Hand zu nehmen, statt einseitig auf Hilfe ›von oben‹ zu warten. Fünfzig Jahre Sowjetunion und Kommunismus wirken äußerst schädlich und hemmend nach. Über zwanzig Jahre Freiheit haben noch nicht genügt, dies zu ändern. Im Gegenteil, das Gefühl der Entwurzelung und der Hilflosigkeit ist nach wie vor weit verbreitet, und der alte sowjetische Geist behindert die Fortentwicklung der Demokratie nach innen – etwa in Verwaltung und Justiz. Es fehlt auch an Interessenverbänden, an Gewerkschaften und Bürgerinitiativen, die sich der Sorgen der Menschen annehmen und gegen Willkür und falsche Politik protestieren … Es ist ein großes Glück, dass die Wähler der neuen Republik sich bisher fast ausnahmslos guter Staatspräsidenten erfreuen konnten. Denn die Gefahr, dass die Wähler Populisten hinterherlaufen, ist immer noch recht groß.«

Es entsteht eine kurze Pause. Ich blicke nachdenklich durch das Fenster aufs Haff und fixiere die schon zu Beginn des Essens entdeckte knapp mannshohe, einsam auf dem Wasser schwimmende Eisscholle. Unweigerlich muss ich an den Untergang der *Titanic* denken.

Dann bringe ich das Gespräch auf die Kurische Nehrung. Jene Journalistin hatte sie in unserem Gespräch damals nie eigens erwähnt. Ich selbst bin immer davon ausgegangen, dass dieser Landstrich eine Sonderstellung innerhalb Litauens einnimmt. Dies bestätigen mir nun alle drei am Tisch. Die Kurische Nehrung sei eine Exklave hinsichtlich der gegenwärtigen Probleme Litauens.

»Es gibt diese Probleme zwar auch hier, aber in ausgesprochen milder Form«, meint Raimonda. »Aus dem Tourismus fließt viel Geld, das fast allen hier Ansässigen Wohlstand beschert. Aber unsere Kommunalpolitik hat in der jüngsten Vergangenheit schwere Fehler gemacht, die es den jungen Menschen erschweren, vom wirtschaftlich armen litauischen Festland auf die Nehrung zu kommen, statt ins westliche Ausland auszuweichen. Die Verwaltung hat nämlich sehr bald nach der Demokratisierung unseres Landes nahezu allen Wohnraum an Privatpersonen verkauft, die daraus profitable Ferienwohnungen und -häuser gemacht haben. Dementsprechend fehlt es jetzt an Wohnmöglichkeiten beispielsweise für Lehrer ... In vielen Wohnungen leben drei Generationen auf engstem Raum.«

»Glücklicherweise gibt es in der Kommunalverwaltung neue Ansätze zu einer sanften weiteren Förderung des Tourismus bei gleichzeitigem Bemühen, die Infrastruktur zu verbessern und auch den Naturschutz zu gewährleisten«, wirft Vitalija dazwischen. »Der Versuch eines früheren Bürgermeisters, auf der Nehrung einen Flugplatz zu bauen, musste wegen massiven Widerstandes der Bürger abgebrochen werden. Mein Mann Eduardas hat in der Vergangenheit entschieden gegen den Bau von Hochhäusern und die Errichtung einer Brücke zwischen der Nehrung und dem Festland bei Klaipėda mitgekämpft. Dieser Kampf ist jetzt zum Glück ausgestanden.«

»Trotzdem bleibt es die Aufgabe der Politik, für junge Menschen hier Wohn- und Arbeitsmöglichkeiten zu schaffen«, beharrt Uwe Bernd Meyer.

»… und vor allem dafür zu sorgen, dass die Schulen und Kindergärten erhalten bleiben«, sagt Vitalija mit Nachdruck.

Vitalija ist bis zu ihrer Pensionierung eine offenbar sehr geachtete Lehrerin in Nidden gewesen. Ich erinnere mich, dass die Fahrer, die mich vom Flugplatz Palanga abzuholen pflegten, die Schranke vor dem Naturschutzgebiet der Nehrung manchmal ohne die geforderte Taxe passieren konnten und mir dann erklärten, der gerade diensthabende Wachmann sei ein ehemaliger Schüler von Vitalija gewesen. Als Einwohnerin Niddens seit den frühen Siebzigerjahren und als jahrzehntelang dort wirkende Lehrerin war Vitalija für die Leitung des 1995 und 1996 neu gegründeten Thomas-Mann-Museums und -Kulturzentrums als besonders geeignet befunden worden.

»Ich habe den Eindruck, dass die Litauer trotz ihrer Probleme, trotz Entwurzelung und Identitätskrise doch irgendwie auch Patrioten geblieben sind«, bringe ich irgendwann zum Ausdruck.

»Die Litauer lieben ihre Heimat viel zu sehr«, geht Vitalija sichtlich erfreut auf meine Vermutung ein, »als dass sie ohne wirkliche Not fortgehen und erst bei einer sich ihnen bietenden Perspektive zurückkehren würden. Es ist wunderbar, die Menschen hier an ihren Nationalfeiertagen zu erleben. Dabei zeigt sich etwas, was jede Nation lernen kann: nationalen Stolz zu haben und gleichzeitig tolerant zu sein. Das ist auch am Thomas-Mann-Haus zu erkennen. Es waren litauische Initiative und Klugheit, die zur Rettung des Hauses geführt haben. Das Erbe Thomas Manns hätte nicht besser bewahrt werden können.«

Dann greift Uwe Bernd Meyer die im gestrigen Gespräch von der stellvertretenden Bürgermeisterin vorgetragenen Erinnerungen an die Seminare im Thomas-Mann-Haus bereits mitten in der Sowjetzeit auf.

»Vielleicht ist es ein zu weit hergeholter und gewagter Gedanke«, meint er. »Aber kann man nicht im Europäer und Weltbürger Thomas Mann eine von vielen Wurzeln der neuen Freiheit Litauens sehen?«

Ich muss über diese Frage nachdenken. Sie erscheint mir, wenn ich auf meine vielen Aufenthalte in Nidden zurückschaue, durchaus plausibel. Der ruhelos in die Abgründe des Daseins blickende Schriftsteller Thomas Mann fand in diesem melancholisch-fremden, politisch und geologisch verletzlichen Landstrich, in diesem faszinierend maroden Venedig des Nordens einen Spiegel seiner Seele, ähnlich wie die expressionistischen Maler vor ihm. Aber auch umgekehrt haben die Menschen hier, lange nachdem Thomas Mann dieses Land gezwungenermaßen für immer verlassen hatte, in ihm posthum einen Repräsentanten von Freiheit und Menschenwürde gesehen, der ihnen in einer der finstersten, schuldhaftesten Epochen ihrer Geschichte Heilung, Trost und Kraft und den vorausschauenden Blick auf eine auch innerlich lichtvolle Zukunft vermittelte. Und diese Menschen haben aus Dankbarkeit und als Beitrag zu einer neuen, freien europäischen Lebensordnung ihr Letztes dafür gegeben, das zweimal geraubte und vom Krieg zerstörte Haus in einer neuen materiellen und geistigen Existenz wiedererstehen zu lassen, als konsolidierendes trojanisches Pferd gegen Diktatur und unmenschliche Gewalt. Damit sollte der Brückenschlag des Landes in andere Teile der Welt Gewicht und Festigung erhalten.

Nachtrag

Über das Schicksal von Thomas Manns Niddener Sommerhaus im Dritten Reich kursierten nach Kriegsende abenteuerliche Gerüchte, die auch meine Familie in ihrem amerikanischen Exil erreichten. Einer dieser Legenden zufolge sollte »Göring es … zu einem Jagdschlösschen ausgebaut haben« (so Thomas Mann in einem Brief 1949). Noch um einiges pompöser ließ Erika Mann bereits 1945 verlauten, »unser Niddenhäuschen« sei auf Görings Veranlassung »viel stattlicher jetzt als früher, prächtig ausgebaut, umgeben von Stallungen, Dienerschaftsgebäuden und gepflasterten Promenaden« (vgl. S. 37 f.). Es war nicht schwer, diese Phantasieprodukte zu widerlegen. Was ich jedoch erst kürzlich, ein knappes Jahr nach der ersten Veröffentlichung dieses Buches, neu über dasselbe Haus und über Nidden während derselben Zeit erfuhr, mutete letztlich nicht weniger grotesk an. Der Unterschied war nur, dass das neu in Erfahrung Gebrachte der Realität entsprach und sich mit Hilfe mehrfacher Recherchen erhärten und vertiefen ließ. Die sich dann nach und nach zusammenfügenden Puzzlesteine unterschiedlichster Provenienz ergaben schließlich ein so neues und in sich konsistentes Gesamtbild von der Rolle Niddens im Zweiten Weltkrieg und während der ganzen Vorkriegsjahre, dass ich beschloss, das Ergebnis in einem Zusatzkapitel dieser erweiterten Buchausgabe der Öffentlichkeit vorzustellen.

Mitte Januar dieses Jahres schrieb mir der Drehbuchautor Claus Tinney, er habe mein Buch zu Weihnachten geschenkt bekommen und mit besonderem Interesse gelesen. Denn sein Vater sei während des Zweiten Weltkriegs Forstmeister in Ibenhorst auf dem Festland gegenüber von Nidden gewesen und die Kurische Nehrung habe zu diesem Forstamt gehört. Bis zu seiner Flucht 1944 als Zwölfjähriger sei er dort mit seinen drei jüngeren Geschwistern aufgewachsen, mehr noch: in den Jahren 1940 bis 1943 habe er alle Sommerferien zusammen mit seiner Familie dort verbracht, im Hause Thomas Manns. Ibenhorst sei *das* Elchforstamt im Deutschen Reich gewesen, und der »Reichsjagd- und Forstmeister« Göring habe dort alljährlich seine Elche geschossen. Tinneys Vater sei selbst ein überzeugter Nationalsozialist gewesen, und so muss ihm wohl Göring nach der Devise »schieß ich bei dir einen kapitalen Elchschaufler, kannst du in meinem Haus Urlaub machen« angeboten haben, mit seiner Familie alle Sommerferien in dem von ihm, Göring, 1940 konfiszierten Haus Thomas Manns zu verbringen.

Bald nach Erhalt dieses Briefes erklärte sich Herr Tinney freundlicherweise bereit, in einem persönlichen Gespräch bei ihm zu Hause Genaueres zu berichten. Er schilderte mir einige amüsant-schauerliche Einzelheiten von Görings Auftritten im Jagdrevier seines Vaters: Wenn Göring erschien, mussten sich alle vier Kinder »wie Orgelpfeifen« vor dem Ankommenden aufstellen und lauthals im Chor »Waidmanns Heil dem Herrn Reichsjagdmeister« singen, bevor diesem dann die abzuschießenden Elche vor die Flinte getrieben wurden. 1943, bei Görings letztem Besuch vor der Evakuierung der Kurischen Nehrung, habe dieser ihm als dem Ältesten einen Cox-Orange-Apfel geschenkt, den habe er damals vor lauter Ehrfurcht und

Glück so lange aufgehoben, bis er völlig verschrumpelt und ungenießbar war. Weiter berichtete mir Herr Tinney, seine Familie habe jeweils zu Beginn der Sommerferien in einem großen Boot und mit Lebensmitteln für die gesamten Ferien das Haff überquert, um das Thomas-Mann-Haus in Nidden zu erreichen. Soweit er sich erinnere, seien die Möbel des von meiner Familie 1932 verlassenen Hauses noch da gewesen und er und seine Geschwister hätten immer in Thomas Manns ehemaligem Arbeitszimmer geschlafen. Über das Fischerdorf selbst konnte er jedoch nichts Wesentliches berichten, weil er die meiste Zeit beim Spielen mit seinen Geschwistern im Wald verbrachte. Die Einkäufe frischer Lebensmittel wie Brot und Milch habe die litauische Kinderfrau im Dorf erledigt.

Ich versuchte mir natürlich vorzustellen, mit welch befremdet-belustigtem Kopfschütteln meine Familie in Kalifornien auch diese Geschichte aufgenommen hätte, vor allem mit der Gewissheit, dass sie wirklich wahr ist. In mir weckten die Schilderungen von Herrn Tinney jedenfalls die Neugier auf weitere interessante Einzelheiten über das Schicksal unseres Sommerhauses und über die Situation der Kurischen Nehrung und des Memellandes während der Kriegsjahre und der Zeit davor. Denn je weiter zurück sich durch meine Recherchen ein allgemeines Stimmungsbild in Nidden rekonstruieren ließe, desto genauer könnten Rückschlüsse auf die konkrete Situation Thomas Manns gezogen werden, der während seiner Sommeraufenthalte von 1930 bis 1932 die politisch zunehmend düstere Lage wahrgenommen haben muss – ungeachtet der besonderen Anziehungskraft, die der einmalige Reiz dieser Landschaft auf ihn bis zuletzt ausübte.

Was Reichsjagdmeister Görings tatsächliches Wirken in Nidden und insbesondere im Thomas-Mann-Haus betrifft, so ließ sich auch in Leonas Stepanauskas' 1996 auf Litauisch und

2011 in deutscher Übersetzung erschienenem Buch *Thomas Mann und Nidden* nichts Verlässliches in Erfahrung bringen. Dies gilt zunächst für die von Ernst Mollenhauers Tochter, Maja Ehlermann-Mollenhauer, erhobene Behauptung, Göring sei niemals in Nidden gewesen, sondern habe das von ihm geraubte und in »Jagdhaus Elchwald« umbenannte Thomas-Mann-Haus lediglich seinen Fliegeroffizieren, Funktionären der Nazipartei und -Regierung, einigen Gauleitern und insbesondere seinem Ministerkollegen Albert Speer als Erholungsort überlassen. Belegt ist davon nur, dass Speer seine Ferien wirklich in Nidden, wenn auch nicht im Haus Thomas Manns verbracht hat. Auch die mündliche Behauptung eines Zeitzeugen gegenüber Stepanauskas, Göring habe eine Vergrößerung der Terrasse vor dem Haus veranlasst, konnte nie nachgewiesen werden.

Um Weiteres aus dieser Zeit in Erfahrung zu bringen, wandte ich mich auf Empfehlung von Ruth Leiserowitz an die Ostpreußen-Expertin Ulla Lachauer. Diese machte mich dankenswerterweise auf ausführliche Interviews aufmerksam, die sie in den späten Achtziger- und frühen Neunzigerjahren mit Zeitzeugen der Kurischen Nehrung geführt hatte, und sie verwies mich auf die Schriften des in Nidden geborenen Fischersohns und Sprachforschers Richard Pietsch. Ihre Interviews hatte Frau Lachauer dem Nord-Ost-Institut in Lüneburg überlassen, wo sie bis heute lagern. Sie wurden mir freundlicherweise vom Institutsleiter Dr. Joachim Tauber auf CDs sowie als Transkriptionen zur Verfügung gestellt.

Als sehr ergiebig erwiesen sich die Erinnerungen der 1925 in Nidden geborenen und erst kürzlich verstorbenen Maja Ehlermann-Mollenhauer. Ihre Erzählungen beziehen sich größtenteils auf die Zeit zwischen der Rückgliederung des Memelgebiets in das Deutsche Reich 1939 und dem Kriegsende, und sie geben auch Aufschluss über das damalige Schicksal des Thomas-Mann-Hauses. Dabei stützte sich die Zeitzeugin allerdings überwiegend auf Erzählungen ihres Vaters, weil Maja selbst von 1935 bis Kriegsende in Königsberg die Schule besuchte und nur die Wochenenden, vor allem während der Sommermonate, bei den Eltern verbrachte.

Ihren Berichten zufolge galt ihr Großvater, der Hotelbesitzer und Kunstmäzen Hermann Blode, seit den Zwanzigerjahren in der Bevölkerung als »der König der Kurischen Nehrung« und war ein angesehener Mann. Er wie auch Ernst Mollenhauer, Majas Vater und Blodes Schwiegersohn, verteidigten das traditionelle deutsche Brauchtum der Kurischen Nehrung gegen jede Aushöhlung durch den wachsenden Tourismus. Zusammen mit dem Niddener Dorflehrer Henry Fuchs gründete Ernst Mollenhauer einen Trachtenverein und baute ein Nehrungsmuseum auf, und er achtete mit Erfolg darauf, dass die Fischer trotz allgemeiner Modernisierung des täglichen Lebens an der traditionellen Bauweise und der farblichen Gestaltung ihrer Häuser möglichst festhielten. Großvater Blode zahlte die meisten Steuern in Nidden und verdiente gut am vor allem deutschen Tourismus. Die litauischen Behörden waren besonders an den dadurch ins Land fließenden Devisen interessiert. Ihr Vater bemühte sich bei den zuständigen litauischen Stellen um die Erteilung möglichst vieler Touristenvisa. Das Leben auf der Kurischen Nehrung verlief bis zu einem späten Stadium des Zweiten Weltkriegs dennoch im Ganzen eher ruhig und beschaulich.

So froh die überwiegend deutsche Bevölkerung der Kurischen Nehrung über ihre Rückgliederung an das Deutsche Reich Ende März 1939 war, so rasch erfüllten sich nach einem anschaulichen Bericht von Maja Ehlermann-Mollenhauer doch auch die bösen Vorahnungen ihres Vaters. Maja war zum

Zeitpunkt des »Anschlusses« gerade bei ihren Eltern zu Hause, als sie plötzlich ihren Vater von mehreren SS-Männern umstellt sah. Der Grund dafür war weniger die den uniformierten Invasoren vermutlich unbekannt gebliebene kaisertreue Gesinnung des alten Blode und von dessen Schwiegersohn oder die Tatsache, dass zum Freundeskreis der Mollenhauers auch Juden aus Memel und Königsberg gehörten. Angelastet wurde Mollenhauer vielmehr, dass er all die Jahre seit 1932 das Thomas-Mann-Haus verwaltet und vorzugsweise an deutsche Schriftsteller vermietet hatte, um so die vom litauischen Staat erhobenen Steuern auf das Haus entrichten zu können. Weiterhin nahmen die unliebsamen Besucher Anstoß an der Fülle der zu ihrem Kunstverständnis wenig passenden Bilder, hauptsächlich der »Brücke«-Maler, in Blodes Wirtsstube. Vor allem bei der anschließenden Hausdurchsuchung in Thomas Manns ehemaligem Sommerdomizil mokierten sich die SS-Männer über Bilder aus Blodes Sammlung – ein Porträt der Königin Luise in der »schamlosen Tracht« ihres dekolletierten Empire-Kleides: »Schweinekram«. Majas Vater sei zwar von den SS-Leuten »erstaunlicherweise« nicht »mitgenommen« worden, jedoch wurde ein allgemeines Mal- und Ausstellungsverbot über ihn verhängt. Nach Majas Aussage setzte sich ihr Vater allerdings bis zu seiner Flucht kurz vor Kriegsende weitgehend über dieses Verbot hinweg, zumal er in seinem Atelier immer über einen ausreichenden Vorrat an Farben und Leinen verfügt habe.

Nicht lange nach diesem unerfreulichen Auftakt kam der berüchtigte und als äußerst korrupt und grausam geltende Gauleiter von Königsberg, Erich Koch, dessen Stiftung das beschlagnahmte Thomas-Mann-Haus ursprünglich zufallen sollte (vgl. S. 37), auf die Idee, Nidden zu einem »Kraft-durch-Freude«-Bad zu machen. Damit wollte er vor allem dem

Wunsch der vielen Berliner Strandbesucher nachkommen. Ernst Mollenhauer leistete gegen die Verschandelung der Kurischen Nehrung heftigen, wenngleich zuerst noch erfolglosen Widerstand. In seiner Not wandte er sich an Hitlers Architekten und Minister Speer, der sich gerade länger in Nidden aufhielt, und trug ihm auf einer gemeinsamen Kutschenfahrt ins Elchrevier, »unbelauscht und ungestört«, Gauleiter Kochs Vorhaben vor. Speer soll dieses daraufhin sofort unterbunden und zu Mollenhauer gesagt haben: »Und wenn der sich nochmals rührt in dieser Hinsicht, dann rufen Sie mich an oder kommen Sie nach Berlin, und dann bringe ich die Sache in Ordnung. Denn das gibt es nicht, daß Nidden ein KdF-Bad wird.« Speers Fürsprache war es wohl zu verdanken, dass Kochs Pläne letztlich nicht umgesetzt wurden, und möglicherweise war es auch Speer, der bildungsbürgerliche Nazi, der eine Beschlagnahmung der Bilder Mollenhauers und der anderen im Gasthaus Blode ausgestellten Maler verhinderte.

Die Familie Mollenhauer blieb bis unmittelbar vor dem Einmarsch der Russen im Januar oder Februar 1945, als diese »bereits von bloßem Auge sichtbar waren«, an ihrem angestammten Ort in Nidden. Als Ende 1944 der Brückenkopf Memel fiel, blieben die Ortschaften Preil und Nidden die letzten deutschen Bastionen, und auf der Kurischen Nehrung wurde eine umfassende Evakuierungsmaßnahme eingeleitet. Flüchtlingsströme mit Leiterwagen aus dem Baltikum zogen durch. Das inzwischen von Schützengräben umgebene Haus Blode wurde zu einem Munitionslager, dann zu einem Lebensmittel- und Bekleidungsdepot, schließlich zu einem Lazarett für Flüchtlinge umfunktioniert, die von Fischern in ihren Kähnen übers Haff gebracht wurden. Es waren aus Memel evakuierte Kaufleute und versprengte Wehrmachtsangehörige, viele auf Krücken humpelnd. Ernst Mollenhauer wurde zum Ortskommandanten ernannt. Seine Frau und die Tochter halfen mit bei der Versorgung, bei der Tag und Nacht Erbsensuppe in großen Waschkesseln gekocht wurde, und laut Befehl durfte nachts nur in Kleidern geschlafen werden, um jederzeit marschbereit zu bleiben. Maja sollte im letzten Moment mit Schießübungen zum »Werwolf« ausgebildet werden. Neujahr 1944/45 feierte man noch im Ort – eine herrliche Winternacht, die Sterne zum Greifen nah und alles tief verschneit. Die Tochter läutete zum letzten Mal die Kirchenglocken.

Nach dem Studium der Schrift- und Tondokumente mit ihren vielen bemerkenswerten Neuigkeiten wollte ich nun auch versuchen, noch lebende und in Nidden geborene Zeitzeugen aufzufinden und zu befragen. Denn der Nachteil der sonst so informativen Angaben von Maja Ehlermann-Mollenhauer war, dass sie überwiegend über deren Vater aus zweiter Hand stammten.

Wieder war es der gegen Ende dieses Buches erwähnte, in Preila ansässige Uwe Bernd Meyer (S. 132 ff.), der mir hilfsbereit zur Seite stand und mir Namen und Adressen nannte. Besonders vielversprechend schien mir das heute in Kiel lebende Ehepaar Heinz-Werner und Christel Tepperis zu sein. Frau Tepperis (geb. Sakuth) wurde 1938 in Nidden geboren und gehörte zu den ganz wenigen nach dem Krieg auf der Nehrung verbliebenen Deutschen. 1996 lernte sie in Nidden ihren Mann kennen, Heinz Tepperis aus Kiel. Das Ehepaar verbringt seither die Wintermonate in Kiel und die Sommermonate im eigenen Haus in Nidden. Auch eine in der Nähe von Kiel lebende ältere Verwandte von Christel Tepperis wollte ich kontaktieren. Also meldete ich mich telefonisch bei den Eheleuten Tepperis an und wurde sehr bald an einem Vormittag mit besonders herzlicher Gastfreundschaft empfangen. Zu meiner Überraschung war auch jene ältere Verwandte von ihnen anwesend, die neunzigjährige, noch überaus rüstige Elisabeth Schulzeck, die 1923, also noch früher als Maja Ehlermann-Mollenhauer, in Nidden geboren wurde und, abgesehen von dem in Königsberg abgeleisteten Pflichtjahr 1941, durchgehend bis zur Flucht kurz vor Kriegsende in Nidden gelebt hatte und deshalb vermutlich besonders ausführlich und authentisch über einen langen Zeitraum berichten konnte. Diese Erwartung bestätigte sich in der Tat. Denn ich konnte von ihr nicht nur über die Jahre nach der Rückgliederung des Memellandes ans Deutsche Reich 1939 eine Menge Neues hören, sondern auch schon über die Zeit seit der Annexion des Memellandes 1923 durch den litauischen Staat. Was ich dabei von ihr erfuhr, veränderte mein bisheriges Bild von der Situation der Kurischen Nehrung unter litauischer Herrschaft nachhaltig, ja, es warf auch ein neues Licht auf die Aufenthalte meiner Familie in Nidden während der Sommermonate zwischen 1930 und 1932.

Frau Schulzeck schüttelte als Erstes erstaunlich viele interessante und unterhaltsame Einzelheiten des Niddener Dorflebens in den Zwanziger- und Dreißigerjahren aus dem Ärmel. Sie zählte mir die Namen aller Kaufladenbesitzer, der damaligen (seit 1945 nicht mehr existierenden) fünf Hotels und einer (1944 zerstörten) Jugendherberge in Nidden auf und gab auch diverse, sich um diesen oder jenen Fischer rankende Geschichten so humorvoll und anschaulich wieder, als sei das alles gestern geschehen. Wirtschaftlich ging es den Menschen auf der Kurischen Nehrung damals gut. Der zunehmende Andrang von Besuchern aus dem Reichsgebiet bescherte vor allem den Fischern und den Hotelbesitzern beträchtliche Mehreinnahmen. Die Dorfbewohner blieben trotz der durch den Ersten Weltkrieg bedingten politischen und staatsbürgerlichen Veränderungen eine sich eng zusammengehörig fühlende und

sich ganz als deutsch betrachtende Gemeinschaft. Das Memelgebiet war 1918 durch die Versailler Verträge unter französi-
sche Besatzung gestellt worden, die jedoch 1923 durch die Annexion seitens des litauischen Staates und mit der Gewährung
einer sehr begrenzten und letztlich nur scheinbaren Autono-
mie beendet worden war. Man erinnerte sich noch an die im
»Tal der Stille« auf dem Dünensand gefangen gehaltenen fran-
zösischen Offiziere während des Ersten Weltkriegs, eine Ver-
geltung dafür, dass deutsche Kriegsgefangene in die marok-
kanische Wüste verbannt worden waren. Während der fran-
zösischen und der litauischen Herrschaft fühlten sich die
Memelländer nicht nur weiterhin als Deutsche, als strenggläu-
bige lutherische Protestanten unterschieden sie sich auch kon-
fessionell von den überwiegend römisch-katholischen Franzo-
sen und Litauern. Sie pflegten unbeirrt das traditionelle memelländische Brauchtum aus der deutschen Vorkriegszeit, trugen etwa beim regelmäßigen sonntäglichen Kirchenbesuch
Landestracht und verzichteten auf ein allzu neumodisches Be-
malen ihrer Fensterläden. Für die Bewahrung traditioneller
kultureller und nationaler Werte in Nidden fühlten sich, wie
schon erwähnt, vor allem der als Ortspatriarch empfundene
Hermann Blode und dessen Schwiegersohn Ernst Mollenhauer
sowie der überaus geachtete Dorflehrer Henry Fuchs verantwortlich. Die Niddener verständigten sich, wie der Großteil der
Bewohner der Kurischen Nehrung, zweisprachig. Tagsüber auf
See sprachen sie, sozusagen als Arbeitssprache, das von den
»Ureinwohnern« übernommene Kurische (das viel mehr dem
Lettischen als dem Litauischen verwandt war), und abends zu
Hause wurde Deutsch gesprochen. In der Schule von Nidden,
in der Elisabeth Schulzeck im selben Jahr eingeschult wurde,
in dem die Familie Mann ihr neues Sommerhaus bezog, war
auf Anordnung der litauischen Regierung Litauisch als neue

»Fremdsprache« eingeführt worden. Eigentlich litauisch waren nach der Annexion des Memellandes nur die diesen Landstrich verwaltenden und kontrollierenden staatlichen Organe, also Zöllner, Polizei- und Postbeamte, dazu ganz wenige eingeheiratete oder vom Festland zugezogene litauische Bürger, die jedoch von der deutschsprachigen Dorfgemeinschaft zumeist argwöhnisch betrachtet wurden. Auf die Ausstellung litauischer Pässe für die Bevölkerung wurde im Allgemeinen verzichtet, und die wenigen litauenfreundlichen Mitbürger wurden in der Regel stigmatisiert. Davon war auch Frau Schulzeck zeitweise betroffen, weil ihre Mutter zu denen gehörte, die an Litauer Zimmer vermieteten. Den besonderen Zorn ihrer deutschen Mitbürger zog sie auf sich, als sich einer ihrer Mieter als litauischer Geheimpolizist entpuppte.

Die litauischen Behörden waren bei den deutschen Einheimischen im Allgemeinen gefürchtet und verhasst, weil sie rasch zu unpopulären Maßnahmen wie Hausdurchsuchungen, Verhaftungen und beruflichen Zwangsversetzungen griffen, um die ausgeprägten Tendenzen zur Bewahrung des deutschen Brauchtums wie etwa das Tragen von Trachten beim sonntäglichen Kirchenbesuch zu unterdrücken. So wurde eines Tages der Dorflehrer Henry Fuchs von der litauischen Polizei festgenommen, im Zollhaus an der nahe gelegenen Grenze zum Deutschen Reich verhört und dann für längere Zeit in ein Gefängnis in Memel gesteckt, weil er in Nidden den Kindern im Schulunterricht zu unverhohlen deutsches Gedankengut nahegebracht hatte. Nach seiner Entlassung lehrte er in Memel und verzichtete 1939 auf eine Rückversetzung in sein einst so geliebtes Nidden, weil das litauische Trauma noch zu tief und zu schmerzlich in ihm festsaß.

Im Zuge des lawinenartigen Stimmenzuwachses für die Nationalsozialisten im Reichsgebiet seit 1929, und dann erst recht nach Hitlers Machtergreifung, verstärkte sich der Andrang reichsdeutscher Badegäste in Nidden beträchtlich, vor allem seitens der begeisterten »Kraft-durch-Freude«-Anhänger. Ernst Mollenhauer holte nach dem Tod seines Schwiegervaters 1934 mit der Kutsche immer mehr deutsche Tagestouristen vom Hafen ab (mit einem oft von ihm selbst besorgten litauischen Tagesvisum) und begab sich mit ihnen auf die berühmten »Elchfahrten«. Ab Mitte der Dreißigerjahre zeichnete sich immer deutlicher die Rückgliederung des Memellandes ans Deutsche Reich ab. Sie wurde nicht nur von der Deutsch sprechenden Mehrheit, sondern sogar auch von den anderssprachigen Minderheiten begrüßt, da auch diese sich von der litauischen Regierung schlecht behandelt fühlten. Der immer deutlicher werdende Rückgliederungswunsch der deutschen Bevölkerung entsprang sicher eher einer deutschnationalen als einer nationalsozialistischen Gesinnung. Erst nach und nach verschmolzen beide Motive zunehmend miteinander. Trotzdem begann schon früh eine ganze Reihe von Dorfbewohnern vorsorglich Hakenkreuzfahnen, SA- oder SS-Uniformen, Hitler-Bilder und sogar Waffen zu Hause in ihren Schränken vor den litauischen Behörden zu verstecken.

Mit der offiziellen Rückgliederung ans Deutsche Reich im Frühjahr 1939 drehte sich die Verhaftungsmaschinerie dramatisch um. Jetzt erfasste sie diejenige deutsche Minderheit, die als zu litauenfreundlich gegolten hatte. Die in den Schlafzimmerschränken bereitgehaltenen Nazi-Embleme gelangten nun in die Öffentlichkeit, und vermutlich kamen auch die dort gehorteten Waffen hier und da zum Einsatz. Ab jetzt waren die Einwohner von Nidden und der Kurischen Nehrung wieder offiziell deutsche Staatsangehörige. Der Urlaubsbetrieb auf der Nehrung wurde nach dem Ausbruch des Zweiten Weltkriegs streng reglementiert. Nach einer ab 1940 geführten Beherbergungsliste hatte sich jeder Kurgast innerhalb von vierundzwanzig Stunden nach der Ankunft bzw. vor der Abfahrt bei der Ortspolizeibehörde an- und abzumelden. Jeder Bürger erhielt ferner sein Mitgliedsbuch der deutschen Arbeitsfront. Die Hitler-Jugend beherrschte, zum Missfallen vieler Kirchgänger, besonders gern an Sonntagen mit ihren paramilitärischen Übungen das Feld.

Trotzdem blieb Nidden während der ersten Kriegsjahre insgesamt eine eher beschaulich ruhige und wirtschaftlich weiter florierende Idylle. Die Flucht jüdischer Bürger noch rechtzeitig vor dem »Anschluss« und die Entfernung jüdischer Kinder aus der Dorfschule vollzogen sich eher im Stillen, selbst die Massenmorde an Juden im Grenzgebiet um Tilsit 1941 blieb auf der Kurischen Nehrung wohl den meisten vorerst noch verborgen. Und um das vor allem für Parteigrößen und Militärs reservierte Thomas-Mann-Haus machte die Bevölkerung in der Regel einen großen Bogen. Vor dem Haus war jetzt ein Schild angebracht mit der in gotischen Lettern aufgemalten deutschsprachigen Inschrift: »Betreten verboten«. Dies hielt jedoch viele nicht davon ab, an warmen und hellen Sommerabenden auf den Schwiegermutterberg zu steigen und in ausreichender Entfernung von der Grundstücksgrenze den »Italienblick« auf das Haff zu genießen. Als besonders nachhaltige Erinnerung schildert Elisabeth Schulzeck in ihrer mündlichen Erzählung, wie sie bald nach dem »Anschluss« als Sechzehnjährige mindestens einmal zusammen mit Freunden die ganze Nacht bis zur Morgenröte dort oben saß und versunken die zu ihren Füßen ausgebreitete, traumhafte Schönheit des Haffs genoss.

Von dauerhafter Unruhe erfasst wurden Nidden und die Kurische Nehrung erst nach der deutschen Niederlage in Stalingrad Anfang 1943. Als Erstes wurden die Tanzabende an den Wochenenden in dem – in ziemlicher Nähe der heutigen »Goldenen Düne« gelegenen – Hotel »Kurischer Elch« untersagt. Und nach dem von nun an auch täglich erklingenden Zapfenstreich um zweiundzwanzig Uhr wurde ein nächtliches Ausgangsverbot verhängt. Das Straßenbild wurde zunehmend von Truppenbewegungen der Wehrmacht beherrscht, und man bereitete sich auf die wohl bald bevorstehende deutsche Verteidigung des Brückenkopfes in Memel und auf eine vorsorgliche Evakuierung der Kurischen Nehrung vor.

Frau Schulzecks Schilderungen der letzten, überaus bewegten Kriegswochen vor ihrer Flucht decken sich weitgehend mit denen von Maja Ehlermann-Mollenhauer.

Zum Abschied nach dieser überraschenden Fülle wirklich neuartiger Kenntnisse in unserem Vierergespräch schenkte mir Heinz Tepperis seine im Selbstverlag publizierte Schrift *Retros – Die Kurische Nehrung in alten Ansichten,* mit zahlreichen historischen Fotos, und dazu zwei DVD-Aufzeichnungen von deutschen Fernsehsendungen über Nidden und die Kurische Nehrung, die vor einiger Zeit ausgestrahlt wurden und in denen das Ehepaar Tepperis in Interviews mitgewirkt hatte.

Nach der geradezu verwirrenden Menge des so unerwartet in Erfahrung Gebrachten erschien es mir nun viel leichter, Rückschlüsse auf das Lebensgefühl der Familie Mann während deren Niddener Sommermonate in den frühen Dreißigerjahren zu ziehen.

Laut den in diesem Buch niedergelegten Zeugnissen von Thomas und Katia Mann und von ihren Kindern war deren Verhältnis zu Nidden vor allem bestimmt durch die besondere, gleichsam exotische Prägung der Landschaft und angeblich auch der Menschen. Niddens besondere Lage zwischen zwei Ufern, seine geologische Struktur, die sowohl nordisch als auch mediterran anmutenden Lichtverhältnisse und Farben, die Stimmung von zeitloser Fremdheit und einer Atmosphäre erdenferner Magie und Melancholie – das alles hatte dazu geführt, dass Thomas Mann diesen Landflecken immer als eine Art Refugium empfand, sich gleichzeitig jedoch auch »wie auf einem Schiff« fühlte, das vor Anker lag – wie eine Zwischenstation in einem politisch unruhig bewegten Leben. Man mag diese Landschaft vielleicht auch als einen Spiegel der Seele des Schriftstellers betrachten. Die Menschen allerdings, ihre empfundene Volkszugehörigkeit und täglichen Verrichtungen, Sorgen und Ängste interessierten ihn und seine Familie wenig. In ihren Augen agierten diese Menschen mehr oder weniger als zufällige Statisten auf der Bühne einer besonders geliebten und tröstenden (aber auch ein wenig gefürchteten) Landschaft. Thomas Mann kam mit diesen Menschen kaum in Berührung. Katia konnte bei ihren Einkäufen im Dorf am ehesten etwas davon erfahren, was sie untereinander laut dachten und was sie politisch bewegte. Während der Strandaufenthalte entgingen den jeweils anwesenden Familienmitgliedern wohl noch am wenigsten die Stimmung und die Gesinnung der Badegäste in den Sandburgen um sie herum, auch der einheimischen. Es sei denn, sie überhörten die von dort an ihr Ohr dringenden Bemerkungen und wollten nichts davon wissen, weil sich ihr in Nidden von Anfang an empfundenes politisches Unbehagen auf den Gestank des Nationalsozialismus konzentrierte, der von Sommer zu Sommer aufdringlicher von jenseits der Staatsgrenze herüberwehte. Klaus und Monika bezeugen dies mit ihren in diesem Buch zitierten Beobachtungen von kampfsportbegeisterten jungen Burschen, die aus dem benachbarten Reichsgebiet herüberkamen und am Strand ihre von Kommandorufen und rauen Gesängen begleiteten paramilitärischen Übungen absolvierten. Die Einheimischen hingegen blieben für sie durchweg exotische Gestalten, slawisch, ja asiatisch anmutende Eingeborene, fremde Puppen auf einer zauberhaften Bühne. Der von Klaus Mann 1931 in Berlin veröffentlichte Zeitungsartikel »Nidden« (vgl. S. 59 ff.) besteht fast ausschließlich aus sehnsuchtsvoll poetischen Naturbeschreibungen, die ganz am Schluss plötzlich in ein unheilschwangeres, politisch böses Erwachen herunterbrechen. Aber die das politische Geschick mitsteuernden Menschen in diesem Landstrich werden dort weitgehend ausgeblendet. Nur einmal wird der die Familie ins Elchrevier fahrende alte Kutscher mit ein paar merkwürdig flüchtig wirkenden Pinselstrichen skizziert. Der Mann hat »ein durchtriebenes Mongolengesicht ... dem Sokrates ähnlich, hat er doch dessen Nase und die tiefschlauen Äuglein« (S. 60 f.). Was jedoch hinter der Stirn jenes »durchtriebenen Mongolengesichts« an deutschen oder gar spezifisch memelländischen politischen und ideologischen Gedanken ablief, lag nicht in Klaus Manns Fokus. Er ahnte es in diesen Jahren womöglich, er war aber offenbar weit davon entfernt, es zu durchschauen. Ähnlich Monika Mann in ihrer Schilderung des riesigen Feuerwerks in Nidden zum ehrenvollen Abschluss des achtzigsten Geburtstags ihres Großvaters Alfred Pringsheim. »Die Fischersleute staunten mit breiten Beinen und offenen Mündern«, schreibt sie (S. 62). Mehr nicht. Der Hinweis der jüngsten Tochter Elisabeth auf das eher völkerkundliche »Interesse« ihrer Eltern für die »einzigartige kurische Sprache« (S. 57) mag die Distanz dieser Sicht auf die ethnischen Gegebenheiten Niddens weiter bestätigen.

Es hat eine gewisse Tragik, dass sich Thomas Mann, als er aus der sich verfinsternden deutschen Republik und weg aus dem Samländischen Massenseebad Rauschen in die ihn auf Anhieb magnetisch anziehende und ihm erholsam zivilisationsfern erscheinende Idylle der Kurischen Nehrung flüchtete, so gar nicht darüber im Klaren war, dass er, ethnisch und politisch gesehen, vom Regen in die Traufe kam, von seinem sich in einen katastrophalen Nationalismus stürzenden deutschen Vaterland in eine Exklave desselben Vaterlands, die mit ihrer historisch bedingten Heim-ins-Reich-Sehnsucht noch deutscher sein wollte als alle anderen deutschen Landesteile. Klaus Manns vermutlich auch von seinem Vater mitgetragene Anmutung, »nirgends in Europa ... je so weit fort von Europa« (S. 96) gewesen zu sein wie hier in Nidden, war trügerisch. Es war, wenn man so will, eine optische Täuschung, bedingt durch eine wahrscheinlich die ganze Familie von der deutschen Wirklichkeit ablenkende Zauberberg-Idylle dieser einer Fata Morgana ähnlichen Landschaft. Gefördert wurde diese Täuschung durch die weitere Illusion, sich im nichtdeutschen Ausland zu befinden. Der das Memelland umfassende Teil Litauens war jedoch politisch ein kurzlebiges und künstliches und einseitig von litauischen Beamten kontrolliertes Gebilde, in dem es in der Seele seiner reichstreuen Bewohner von Anfang an brodelte und in dem sich bis zur ersehnten Rückgliederung ins Reich die litauischen Behörden und die ganz überwiegend deutsch gebliebene Bevölkerung einen ständigen Kleinkrieg lieferten. Besonders während der letzten drei Jahre vor Hitlers Machtergreifung, als die Manns ihre Sommerferien grenznah in ihrem »Litauen« verbrachten, blickte diese memelländische Bevölkerung nicht ohne Wohlgefallen und entsprechend aufmerksam auf die sich zuspitzende politische Entwicklung jenseits der Grenze in ihrer verloren gegangenen, zurückersehnten Heimat. Was sich jetzt noch im Verborgenen vorbereitete, kam in den Jahren nach 1933 immer krasser zum Ausdruck, als die Manns ihr Haus wohlweislich schon verlassen hatten.

Beinahe paradox erscheint vor diesem Hintergrund der triumphale Empfang Thomas Manns durch die Bevölkerung

Niddens beim Einzug in sein neues Heim im Sommer 1930, wenige Monate nach seiner Ehrung mit dem Nobelpreis. Denn es waren zum weitaus größten Teil nicht Litauer, die ihm, dem aus dem Deutschen Reich glücklich für ein paar Wochen Entronnenen, zujubelten. Es waren Deutsche, die in ihm den geistigen Repräsentanten ihres eigenen Deutschtums sahen, einen der größten unter ihnen, den sie als hoch zu verehrenden Landsmann feierten, unabhängig von seiner ihnen damals wohl noch unbekannten, völlig andersartigen politischen Ausrichtung (das legendäre, verkohlte Buddenbrooks-Exemplar wurde erst etwas später von Nazi-Hand über seinen Gartenzaun geworfen). Thomas Manns grandioser Empfang war der Anfang der drei Sommer lang anhaltenden Illusion der Familie, ihre Ferien im Ausland zu verbringen.

Die deutsche Geschichte des Memellandes war erst 1945 definitiv beendet. Die deutsche Bevölkerung auf der Kurischen Nehrung war schon Monate vor Kriegsende durch die Wehrmacht vollständig evakuiert und ihr Land bald von den über die Kurische Nehrung nach Königsberg vordringenden sowjetischen Truppen besetzt worden. Nach der riesigen Fluchtwelle im Herbst 1944 kehrten unmittelbar nach dem Krieg nur vereinzelte Memelländer wieder zurück, wenn sie von der sowjetischen Besatzung die Erlaubnis bekamen, in ihrer alten Heimat ihre Fischereikenntnisse zum Vorteil der sowjetischen Wirtschaft in einer Fischereikolchose einzusetzen (unter ihnen auch Christel Sakuth-Tepperis und ihre Familie). Ansonsten wurde die Kurische Nehrung, die nach Kriegsende über fünfzehn Jahre lang zum militärischen Sperrgebiet der Sowjets erklärt wurde, erst 1987 wieder für westliche Besucher geöffnet, darunter auch für noch lebende Heimkehrer. Von denen, die bei ihrer Flucht 1944 noch Kinder gewesen waren, haben sich heute dort wieder einige niedergelassen, jetzt aber in einer wirklichen litauischen Republik, die sich gegen Ende der Achtzigerjahre weitgehend aus eigener Kraft aus dem Joch ihrer erzwungenen Zugehörigkeit zur Sowjetunion befreit hatte. Diese Deutschen leben jetzt in nachbarlicher Eintracht zusammen mit überwiegend litauischen Mitbewohnern, die sich nach der Aufhebung der über der Kurischen Nehrung verhängten militärischen Sperre 1961 nach und nach, aus dem Nachkriegs-Litauen kommend, neu angesiedelt hatten. Zu ihnen gehören während der Sommermonate auch Christel und Heinz Tepperis, die mir zusammen mit Elisabeth Schulzeck wesentlich zu meinen hier niedergeschriebenen Erkenntnissen verholfen haben.

Genau zu der Zeit, in der nach der Räumung durch die sowjetischen Truppen auf der Kurischen Nahrung vor allem Litauer vom Festland angesiedelt wurden, begann auch das zweite, das Nach-Leben Thomas Manns in Nidden. Es waren die Jahrzehnte des nur unter Opfern ermöglichten sukzessiven Wiederaufbaus seines durch den Krieg weitgehend zerstörten Sommerhauses und die Einrichtung der unvergessenen interdisziplinärer Seminare im Haus. Hier bezogen bis zum Ende der kommunistischen Diktatur zahlreiche um ihre überfällige politische Unabhängigkeit kämpfende (auch junge) Litauer wie in einer politischen und kulturellen Exklave ihre Durchhaltekraft aus dem humanistischen Geist Thomas Manns, hier entwarfen sie gemeinsam die Grundlagen einer zukünftigen demokratischen Gesellschaftsordnung, die dann nach der Befreiung des Landes schrittweise aufgebaut werden konnte.

Damit schließt sich der Kreis, und das in diesem Buch gezeichnete Bild rundet sich. Das Buch selbst hat diesen Ort vor allem unter litauischem und sowjetischem Aspekt behandelt. Dieser Nachtrag hier sollte ergänzend dessen deutsche Seite, Epoche und Vorgeschichte zum Ausdruck bringen. Alle drei

Zugehörigkeiten der Kurischen Nehrung, die deutsche, die sowjetische und schließlich die litauische, sind Teile und Aspekte desselben, jetzt endgültig litauisch gewordenen, liebenswerten Landstrichs, namentlich des Ortes Nidden. Oder sagen wir nun: Nida.

München, im April 2013
Frido Mann

Anhang

Aus den Finanzamtsakten zu Thomas Mann, Staatsarchiv München

Staatsarchiv München
Oberfinanzdirektion München 10752
Akten Thomas Mann
Finanzamt Moabit=West, Berlin NW 7, Luisenstr. 33/34
Steuerliste V. Nr.: S 1110–79/36
Bl. 78 [Abschrift] Ts. 1 Bl., 2 S. m. hs. Ergänzungen
und Stempeln.

Staatliche Kreiskasse   Heydekrug, den 24. 1. 1940

An

den Herrn Oberfinanzpräsidenten
in <u>Königsberg Pr.</u>

Betr.: Besitzverhältnisse des beschlagnahmten Grundstücks
des Thomas Mann in Nidden.

Das früher dem Thomas Mann gehörige in Nidden belegene
[sic] Grundstück ist infolge seiner Ausbürgerung dem
Reiche verfallen. Mann hat für rückständige Schulbeiträge
[sic] an den Preußischen Staat noch 16,07 RM zu zahlen.
Der Herr Regierungspräsident in Gumbinnen teilt mit,
dass die Grundstücksangelegenheit dort bearbeitet wird
und dass ferner die Erich-Koch-Stiftung Interesse an dem
Erwerb des Grundstücks hat. Um nunmehr den Rückstand
einziehen zu können, wird um Nachricht gebeten, ob die
Besitzverhältnisse bereits geklärt sind.

[Unterschrift]
[Stempel] Königsberg (Pr.)
30 Januar 1940.

[Stempel] Der Oberfinanzpräsident
Ostpreußen
[hs.] O 4411 –Pisie [?]

    1) Staatliche Kreiskasse / Heydekrug
    Betr. Grundstück Thomas Mann in Nidden.
    Ihr Schreiben vom 24. Jan. 1940.
    Ich habe bisher an der Beschlagnahme des bezeichneten
    Grundstücks nicht mitgewirkt. Ihr Schreiben habe ich
    dem FA Moabit West in Berlin zugeleitet, das für die
    Bearbeitung derartiger Fälle zuständig ist. [Div. Stempel]

2. Nach dem Abgange von 1)
Urschriftlich
    Finanzamt Moabit West
    Berlin NW 7
    Luisenstr. 33/34

mit der Bitte, das vorseitige Schreiben zu beantworten.
    Im Auftrag
    [Unterschrift]

Finanzamt Moabit-West
Berlin, den 27 Februar 1940
S 1110–79/36

1.) Schreiben an:
An die Staatliche Kreiskasse in Heydekrug/Ostpr.

Betr. <wie auf der Vorderseite> Ihr an den Herrn Oberfinanzpräsidenten Ostpreussen gerichtetes Schreiben vom 24.1.1940.
<wie Blatt 77 d. A.>

2.) Akten heften

3.) Z. d. A.

Literaturverzeichnis

Eduardas Jonušas: *Hund ist auch Mensch.* Melina, Ratingen 2000

Ruth Kibelka: *Memelland. Fünf Jahre Nachkriegsgeschichte.* Basisdruck, Berlin 2002

Erika Mann: *Mein Vater, der Zauberer,* hrsg. von Irmela von der Lühe und Uwe Naumann. Rowohlt, Reinbek 1996

Golo Mann: *Erinnerungen und Gedanken. Eine Jugend in Deutschland.* S. Fischer, Frankfurt/Main 1986

Katia Mann: *Briefe.* Thomas-Mann-Archiv Zürich

Klaus Mann: *Der Wendepunkt. Ein Lebensbericht.* Sonderausgabe Edition Spangenberg, München 1981

Klaus Mann: »Nidden«, in: Berliner *Acht-Uhr-Abendblatt,* 28.9.1931

Klaus Mann: *Briefe und Antworten 1922–1949.* Hrsg. von Martin Gregor-Dellin. Edition Spangenberg im Ellermann-Verlag, München 1987

Michael Mann: *Brief.* Thomas-Mann-Archiv Zürich

Monika Mann: *Vergangenes und Gegenwärtiges. Erinnerungen.* Kindler, München 1956

Thomas Mann: *Briefe I–III 1889–1955 und Nachlese.* Hrsg. von Erika Mann. S. Fischer, Frankfurt/Main 1965

Thomas Mann: *Deutsche Hörer.* XI 986–1123

Ludwig Passarge: *Aus den Baltischen Landen.* Glogau 1878

Hedwig Pringsheim-Dohm: »Wir reisen nach Nidden«, in: *Reclams Universum* 1931

Thomas Sprecher: »*Alles ist weglos«. Thomas Mann in Nidden,* in: *Marbacher Magazin,* Sonderheft 89/2000

Leonas Stepanauskas: »Drei Sommer in Nida«, in: *Sinn und Form,* Jg. 28, H. 2, März/April 1976

Nachweise der Zitate

Umspült von bewegter Geschichte

S. 27 »Die Sandwoge, welche das Dorf« – Ludwig Passarge: *Aus den Baltischen Landen*, S. 185

S. 33 »Eine [...] Kuriosität der Gegend war das große Lager« – Klaus Mann: *Der Wendepunkt*, S. 246

S. 34 »Mein Vater [...] schien guter Dinge« – Monika Mann: *Vergangenes und Gegenwärtiges*, S. 82 f.

S. 37 »früher dem Thomas Mann gehörige ... Jagdhaus Elchwald ... Reichsjägermeisters« – Staatsarchiv München, Oberfinanzdirektion München 10752, Akten Thomas Mann. Finanzamt Moabit-West, Berlin NW 7, Luisenstr. 33/34, Steuerliste V. Nr.: S 1110–79/36 Bl. 78 (Abschrift)

S. 37 »unser Niddenhäuschen [...] viel stattlicher« – Erika Mann: »Brief an meinen Vater«, in: *Mein Vater, der Zauberer*, S. 261–265, 264

S. 37 »Ich hörte, daß Göring es seinerzeit« – Thomas Mann: Brief an Erna Jonas vom 19. 10. 1949, *Briefe III*, S. 104 f.

Onkel Toms Hütte

S. 53 »Schon der erste Besuch in dem so naturnahen Dorf« – Elisabeth Mann Borgese am 24. 1. 2000 an Thomas Sprecher, zit. nach Thomas Sprecher: *»Alles ist weglos«*, S. 79

S. 55 »Als Kind bin ich oft« – Elisabeth Mann Borgese, zit. nach Leonas Stepanauskas: »Drei Sommer in Nida«, S. 268 f.

S. 56 »Die Kinder bauten im Sand« – Katia Mann am 18. 1. 1964 an Leonas Stepanauskas, zit. nach Leonas Stepanauskas: »Drei Sommer in Nida«, S. 254

S. 56 »Nidden!« – Michael Mann am 4. 10. 1966 an Leonas Stepanauskas, zit. nach Leonas Stepanauskas: »Drei Sommer in Nida«, S. 262

S. 57 »immer gern mit den Kindern« – Katia Mann am 22. 2. 1972 an Leonas Stepanauskas, zit. nach Thomas Sprecher: *»Alles ist weglos«*, S. 77 (Thomas-Mann-Archiv)

S. 57 »Die Morgengänge durch den Wald ans Meer« – Elisabeth Mann
Borgese am 12.9.1966 an Leonas Stepanauskas, zit. nach Leonas
Stepanauskas: »Drei Sommer in Nida«, S. 262

S. 57 »Selbst die Sprache der dortigen Menschen« – Elisabeth Mann
Borgese am 24.1.2000 an Thomas Sprecher, zit. nach Thomas
Sprecher: »*Alles ist weglos*«, S. 81

S. 57 »Mein Vater ist an der Ostsee geboren« – Monika Mann: *Vergangenes und Gegenwärtiges*, S. 80f.

S. 58 »Unlust, die Sommerferien« – Golo Mann: *Erinnerungen und
Gedanken*, S. 333

S. 58 »Ein zweites Landhaus entstand« – Erika Mann: »Die letzte
Adresse«, in: *Mein Vater, der Zauberer*, S. 344–351, S. 345

S. 59 »sehr viel weniger geräumig« – Klaus Mann: *Der Wendepunkt*,
S. 246

S. 59 »Von meinem Zimmer aus« – Klaus Mann: »Nidden«

S. 62 »Das bunt zischende Raketenzeug« – Monika Mann: *Vergangenes
und Gegenwärtiges*, S. 82

S. 62 »Bis zum vergangenen Jahr« – Hedwig Pringsheim-Dohm:
»Wir reisen nach Nidden«

S. 66 »preiswert von Natur« – Thomas Mann am 26.8.1932 an Ida
Herz, zit. nach Thomas Mann: *Briefe I*, S. 322

S. 66 »Nidden! Wie Du Dir das denkst!« – Klaus Mann am 12.5.1933 an
Erich Ebermeyer, zit. nach Klaus Mann: *Briefe und Antworten*, S. 91

S. 74 »In unseren Zeiten kann man nicht zurück« – Golo Mann: *Erinnerungen und Gedanken*, S. 333

Trauma und Versöhnung

S. 141 »Nochmals spürte ich, wie tief die Wurzel des Kuren ist« –
Eduardas Jonušas: *Hund ist auch Mensch*, S. 116

Die Zitate aus Golo Mann, *Erinnerungen und Gedanken*, sowie sämtliche Zitate von Thomas Mann sind mit freundlicher Genehmigung der
S. Fischer Verlag GmbH, Frankfurt am Main, abgedruckt; der Abdruck
der Zitate aus Erika Mann, *Mein Vater, der Zauberer*, Klaus Mann, *Der
Wendepunkt* und *Briefe und Antworten*, und Monika Mann, *Vergangenes und Gegenwärtiges*, erfolgt mit freundlicher Genehmigung der
Rowohlt Verlag GmbH, Reinbek.

Danksagung

Nachdem mir der mareverlag angeboten hatte, ein Buch über einen frei gewählten Lieblingsort am Meer zu verfassen, entstand *Mein Nidden,* welches von Verlagsseite kundig und liebevoll bis zur Drucklegung begleitet wurde. Besonderer Dank gilt Nikolaus Gelpke, Katja Scholtz und Sophia Hungerhoff sowie allen anderen, die daran mitwirkten.

Zu großem Dank verpflichtet bin ich ferner Ruth Leiserowitz, Vitalija Jonušiene und Uwe Bernd Meyer für die vielen hilfreichen Informationen und Hinweise.

Thomas Sprecher danke ich für die freundliche Genehmigung des Abdrucks der Zitate aus »*Alles ist weglos*«. *Thomas Mann in Nidden.*

Frido Mann
München, im November 2011

Inhalt

Einstimmung:
Musik im »Tal der Stille« 7

Der mediterrane nordöstlichste Zipfel
Ostpreußens 11
Umspült von bewegter Geschichte 25
Onkel Toms Hütte 49
Die »Blaue Brücke« 77
Anschluss an das neue Europa 96
Sintflut zwischen See und Haff 122
Trauma und Versöhnung 128

Nachtrag 151

Anhang

Aus den Finanzamtsakten zu Thomas Mann,
Staatsarchiv München 173
Literaturverzeichnis 175
Nachweise der Zitate 176
Danksagung 178